FOLIO BIOGRAPHIES

Joséphine Baker

par

Jacques Pessis

Gallimard

Ouvrage dirigé
par Gérard de Cortanze

Crédits photographiques :

1 : BPK, Berlin, Dist. GrandPalaisRmn / image BPK ; 2 : Ullstein Bild / Roger-Viollet ; 3 : Boris Lipnitzki / Roger-Viollet ; 4, 5, 12 : Grob / Kharbine / LA COLLECTION ; 6 : Keystone-France / Gamma-Rapho ; 7 : Illustrated London News ; 8 : Ullstein Bild / Getty-images ; 9 : Akg-images / TT News Agency / SVT ; 10 : Archives Charmet / Bridgeman Images ; 11 : Philippe Roy / Aurimages ; 13 : Granger / Bridgeman Images ; 14 : AP / Sipa Press ; 15 : Photo12 ; 16 : Blondet Eliot / ABACA ; 17 : Bridgeman Images.

Jacques Pessis est journaliste, écrivain, réalisateur et producteur. Il a signé pour France 5 des séries sur la chanson française devenues des références : « Les lumières du music-hall », « Les refrains de la mémoire » et « L'air du temps ». Il est aussi éditorialiste au *Figaro*, animateur de l'émission quotidienne *Les clefs d'une vie*, sur Sud Radio, et légataire universel de Pierre Dac. Il a écrit une cinquantaine de livres : des biographies d'artistes et des récits historiques, comme *Radio Londres, la guerre en direct*. Il est enfin l'auteur d'une douzaine de spectacles musicaux.

Saint Louis

1906… Saint Louis, dans le Missouri, n'est pas la reine du monde, mais occupe néanmoins une place importante sur l'échiquier des villes qui comptent sur la planète. Elle vient de connaître son heure de gloire en accueillant, il y a deux ans, une prestigieuse exposition universelle, puis, dans la foulée, les troisièmes jeux Olympiques. Devenue la quatrième cité la plus peuplée des États-Unis, elle se flatte d'être aussi le berceau de personnalités aussi prestigieuses que l'écrivain Tennessee Williams, et connaît une industrialisation importante.

À côté de cette richesse apparente et pleine d'espérances, il y a, à Saint Louis, des quartiers où l'on connaît la misère. Les populations de couleur noire y sont principalement concentrées. C'est là que Freda Joséphine McDonald va passer ses jeunes années. Née le 3 juin 1906, dans un hôpital réservé aux femmes, son prénom officiel est Joséphine, mais tout le monde l'appelle « Tumpie », un clin d'œil à l'héroïne d'une chanson alors très populaire, pour ne pas la confondre avec « Tante

Jo », une cousine de sa mère, proche du minuscule clan familial.

Joséphine est la fille de Carrie, une blanchisseuse à la peau noire dont la mère a fait partie des dernières esclaves avant l'abolition. L'identité du père, en revanche, est inconnue. Plusieurs hypothèses ont circulé à son sujet et Joséphine, qui adorait brouiller les pistes, est à l'origine de certaines. Elle a ainsi souvent affirmé, au fil des années et en fonction des circonstances, qu'elle avait pour géniteur Eddie Carson, un copain d'adolescence de sa mère, Eddie Moreno, un bellâtre aux yeux noirs ou un danseur espagnol. La vérité est peut-être ailleurs. La seule certitude, à en juger par la peau couleur café au lait de Joséphine, c'est qu'il était blanc.

Se retrouvant seule, Carrie décide de confier provisoirement sa fille à Caroline, sa sœur. Elle parvient régulièrement à s'échapper de la blanchisserie où elle travaille pour lui rendre visite, jurant, chaque fois, qu'elle la reprendra dès qu'elle en aura les moyens. Mais la situation s'aggrave encore avec la naissance, l'année suivante, d'un garçon prénommé Richard Alexander, dont le père est un Noir, de passage dans la vie de Carrie. Finissant par trouver l'âme sœur, elle convole avec Arthur Martin, petit employé d'une fabrique de charbon. Les moyens du jeune couple sont modestes, mais Carrie parvient néanmoins à récupérer sa fille. C'est ainsi que Joséphine grandit dans un taudis fait de morceaux de planches délabrées et de vieux journaux qui protègent du froid la pièce unique où vit toute la famille. Peu lui importe. L'enfant est heureuse. Elle a, auprès d'elle, un père et une mère... Manifestant ce bonheur à l'école où elle semble incarner la joie de vivre, elle ne manque jamais une occasion de faire des grimaces, ce qui lui vaut régulièrement punitions et réprimandes de la part de sa maîtresse d'école. Et lorsqu'on lui reproche cette attitude, elle s'étonne, avec la spontanéité de l'enfance, et lance : « Mais qu'est que j'ai fait ? Si le bon Dieu nous a donné une figure, c'est pour qu'on s'en serve ! »

Joséphine a sept ans quand Arthur perd son travail. Faute d'argent, Carrie se retrouve dans l'obligation de confier sa fille à une « dame blanche », Mme Kaiser, qui accepte de l'héberger, d'assurer son éducation, et de lui donner de l'argent, moyennant quelques « menus services ». C'est ainsi que Joséphine se retrouve à la campagne, où elle commence à travailler beaucoup plus que prévu. En effet, entre deux cours obligatoires, elle multiplie les tâches ménagères les plus ingrates, de cinq à neuf heures du matin, puis de quinze à vingt-deux heures. Elle dort à la cave, sur une paillasse, en compagnie d'un chien couvert de puces, qui devient son seul ami ; l'essentiel de sa nourriture se limite à du maïs froid. Un soir, la matrone lui plonge les mains dans l'eau bouillante, pour la punir d'avoir laissé chauffer pendant trop longtemps l'eau de la vaisselle. Joséphine hurle et se retrouve à l'hôpital. Elle raconte ce qui vient de lui arriver. Les médecins appellent la police qui arrête Mme Kaiser pour « mauvais traitements ». Prévenue de l'accident dont a été victime sa fille, Carrie, les larmes aux yeux, n'a plus d'autre solution dans l'immédiat que de la rapatrier dans sa maison misérable. Mais, plus que jamais consciente que sa fille ne peut pas grandir, voire s'épanouir, dans de telles conditions, Carrie la confie, après beaucoup d'hésitations, à une autre femme que le destin a placée sur sa route. Elle s'appelle Mme Mason et vit bourgeoisement dans une très belle maison. Celle-ci n'a pas d'enfant et accepte, sans la moindre hésitation, de s'occuper de Joséphine comme de sa propre fille. L'enfant a sa chambre, va à l'école, grandit normalement. Un soir, sa « maman de substitution » l'entraîne au théâtre, pour assister à un spectacle de chansons et de danse. Joséphine sort de la salle, fascinée. À ses yeux émerveillés, il n'est rien de plus beau que cette magie de la scène qu'elle vient de découvrir. Elle aime la musique depuis que, dans les rues de Saint Louis, elle s'est trémoussée en rythme en compagnie d'enfants de son âge, en transformant tout ce qui leur tombait sous la main en instruments de musique. Mais ce qu'elle a vu ce soir, sur ce plateau pourtant modeste, n'a rien de comparable avec ces charmants souvenirs d'enfance. Elle n'en dort pas de la nuit, et, dès le lendemain matin, demande l'autorisation à sa bienfaitrice de « jouer au théâtre », et l'obtient aussitôt. Elle récupère des planches, des briques, des morceaux de tissus, et aménage une scène de fortune sur laquelle elle danse et grimace des heures durant, affublée d'une vieille robe et d'un chapeau trop grand pour elle. Petit à petit, elle invite ses copines et copains de l'école, ainsi que des gamins des environs, et trouve ainsi un public qui l'applaudit à tout rompre.

Mais les représentations s'interrompent en même temps que ce séjour paradisiaque. Le mari de Mme Mason a en effet tenté quelques gestes déplacés sur Joséphine qui, apparemment, ne s'est rendu compte de rien. Hélas, le mal est fait, et le départ de l'enfant devient inéluctable. Joséphine retrouve un univers qu'elle avait presque fini par oublier, celui du taudis familial, des odeurs nauséabondes et des inconnus de passage qui la traitent de « sale Négresse ». Pour oublier ce cauchemar quotidien, il y a heureusement le spectacle, qui demeure plus que jamais son jeu favori. Elle continue à jouer, pour elle toute seule, des pièces qu'elle improvise en roulant des yeux et en multipliant les grimaces.

La situation familiale s'améliore au lendemain de ses douze ans. Arthur Martin, toujours fidèle à Carrie, récupère une vraie maison en ciment, pourvue d'une cave où Joséphine peut reconstituer le théâtre de ses rêves avec de vieux rideaux, des bouts de ficelle et des bougies rouges, bleues et jaunes qui, une fois placées dans des boîtes de conserve, donnent l'apparence de rampes de lumières. Elle invite sa famille et des enfants de passage et, selon la formule consacrée par les professionnels de Broadway, « *the show must go on* », aussi modeste soit-il.

À quelques centaines de mètres de la maison se trouve le Booker Washington Theatre, une salle de spectacle réservée aux Noirs, où Joséphine rôde en permanence. Elle est fascinée par les musiciens, mais surtout par les danseuses qui parviennent à lever la jambe sur la même ligne, toutes en même temps. Un jour, n'y tenant plus, elle prend son courage à deux mains, se dirige vers l'entrée des artistes et, du haut de ses treize ans, explique au concierge qu'elle a rendez-vous avec le directeur. Elle semble si sûre d'elle qu'elle franchit le barrage sans encombre et se retrouve devant un homme aux cheveux blancs, qui dirige cette troupe de passage dans la ville pour quelques semaines seulement. Amusé par l'aplomb de l'adolescente, il lui demande de montrer ce qu'elle sait faire. Joséphine ne se laisse pas démonter et commence à se déhancher en affichant un style qui n'appartient visiblement qu'à elle. Son interlocuteur sourit, réfléchit un instant puis lui propose un rôle dans la troupe : Cupidon. Il n'en dit pas plus et donne rendez-vous à Joséphine, abasourdie, le lendemain, à quatorze heures, pour la première répétition.

C'est ainsi que Joséphine, transformée en déesse de l'amour, apprend en quelques heures à traverser la scène, suspendue à un filin, de la cour au jardin. Le soir même, elle est sur scène... Le cœur battant, elle s'élance, mais suite à une mauvaise manœuvre d'un machiniste, le système se bloque. S'accrochant à s'en écorcher les mains, elle se retrouve à trois mètres au-dessus des autres interprètes ! Ce qui la fait souffrir, ce n'est pas le vertige, mais la honte d'entendre la salle éclater de rire à la vue d'une telle image. Ne trouvant pas d'autre solution, le régisseur fait baisser le rideau et on vient libérer la pauvre Joséphine, en larmes. Elle voit le directeur se précipiter vers elle et se dit que sa dernière seconde sur le plateau est arrivée. Prenant l'adolescente dans les bras, l'homme, manifestement heureux, s'exclame : « C'est un triomphe ! Le public en redemande. Tu reviens demain et je prévois tout pour que tu restes en l'air, exprès... »

Voilà comment débute la carrière de celle que les autres comédiens de la troupe adoptent sous le nom de Tumpie. Chaque soir, elle triomphe devant une assemblée hilare, et rentre à la maison, le cœur plein de rêves et d'espoirs... Jusqu'au jour où elle apprend que la troupe doit quitter la ville, pour aller honorer un autre engagement à quelques centaines de kilomètres de là. Elle n'hésite pas une seconde et annonce au directeur son intention de suivre ce qu'elle considère désormais comme sa vraie famille, en proposant de rendre, en coulisses, tous les services qu'on lui demandera. Une nouvelle fois, sa détermination est telle qu'elle n'a aucun mal à obtenir le feu vert d'un interlocuteur à qui elle a omis de préciser un détail : sa mère ignore encore qu'elle monte sur scène, et pense qu'elle passe toutes ses soirées avec des amis, alors que ceux-ci, efficaces complices, ne sont là que pour servir d'alibi ! Carrie, qui aime sa fille, qui la considère presque comme une adulte, qui lui laisse une liberté d'action totale, n'est cependant pas prête à la laisser ainsi voler de ses propres ailes.

Décidée à aller au bout de ce qu'elle pense être sa seule chance de sortir de la misère et de vivre pleinement son bonheur, Joséphine choisit de garder le silence et de ne surtout pas révéler son grand projet à sa mère. Elle glisse donc quelques affaires dans un sac de fortune et quitte subrepticement une maison dans laquelle elle ne reviendra sans doute plus jamais. Une amie, mise dans la confidence, est chargée d'expliquer à sa mère les raisons de son départ... En pleine nuit, elle se retrouve à bord d'un train qui s'ébranle doucement. Dans son wagon, la tête vissée à la fenêtre, Joséphine, le cœur serré, voit s'éloigner les lumières de sa ville. Au plus profond d'elle-même, elle se dit qu'elle y retournera un jour. En star...

La petite girl qui louche

Tumpie gagne désormais quelques dollars par semaine. Ce n'est pas grand-chose, et pourtant elle éprouve le sentiment d'être l'adolescente la plus riche du monde. Car elle est libre. Certes, elle travaille beaucoup, au service de la troupe qui l'a engagée, voire recueillie. Elle s'active surtout en coulisses, comme habilleuse. En effet, les salles où se produisent les danseuses ne disposent pas de l'équipement indispensable à son numéro de Cupidon. Peu lui importe. Elle observe des danseuses dont elle finit par connaître les pas dans leurs moindres détails. Un soir, l'une d'entre elles glisse dans un escalier juste avant le début de la représentation. Le genou en feu, elle ne peut participer au spectacle ! Or, elle est l'une des charnières de la ligne principale ; sans elle, le spectacle devient, lui aussi, « boiteux ». En un dixième de seconde, Joséphine comprend qu'elle tient là la première grande chance de sa vie. Elle se porte volontaire pour assurer le remplacement immédiat de l'éclopée et propose même de se couvrir le visage de cirage noir, afin d'être en osmose avec le reste de la troupe et qu'on ne remarque pas qu'elle est une « pinkie ». Il n'y a visiblement pas d'autre solution pour sauver la recette. Avec l'accord du patron, elle bondit sur un plateau où elle ne manque pas de se faire remarquer. Sa façon de se déhancher, de sauter, de grimacer déclenche, dans le public, de telles cascades de rire et d'applaudissements qu'elle va désormais récidiver chaque soir, avec le même entrain...

Trois mois passent. La troupe arrive à Philadelphie, terme de la tournée. La séparation est inéluctable et Joséphine, une fois encore, se retrouve à la croisée des chemins. Elle pourrait reprendre la route de Saint Louis, mais se voit mal renouer avec la misère et l'ennui familial. Elle décide donc, sans hésiter, de rester, de tenter sa chance ailleurs, de passer des auditions. Très vite, elle entend parler de *Shuffle Along*, une comédie musicale avec des Noirs, mais pour un public blanc, qui se rode en tournée avant une reprise à Broadway. Elle ne peut espérer plus belle opportunité. Elle passe une audition et essuie un refus. Elle est jugée trop petite, trop maigre et n'a pas la peau assez blanche pour figurer dans le chorus. Elle parvient néanmoins à se faire engager comme habilleuse, et se retrouve à un poste d'observation qui lui a déjà porté chance. Quelques représentations sont suffisantes pour connaître le spectacle par cœur...

Un soir, quelques minutes avant d'entrer en scène, une danseuse s'effondre. En larmes, elle avoue au chorégraphe qu'elle attend un enfant.

Joséphine, qui n'est pas loin, comprend que le miracle vient de se reproduire. Une fois encore, elle se porte volontaire pour jouer les remplaçantes d'un soir. Puisqu'il n'y a pas d'autre solution, son offre est acceptée... La voici donc, bondissant sur le plateau, dansant et roulant des yeux instinctivement, comme à son habitude, sans se poser la moindre question... La salle se déchaîne, siffle, applaudit. Le lendemain, un critique parle, à son propos, d'une « révélation », d'un « talent nouveau, particulièrement irrésistible ». Il n'est pas le seul. Au désespoir, voire à la furie des autres filles, visiblement jalouses, Joséphine, surnommée « la petite girl qui louche », connaît sa première heure de notoriété. L'essai est transformé à Boston où le spectacle va afficher complet pendant quatre mois. Elle gagne désormais trente dollars par mois. Ce n'est pas une fortune, mais cela lui permet de manger à sa faim, de vivre et de s'habiller avec élégance. Elle ne regrette plus d'avoir quitté sa famille, et se dit qu'elle a vraiment eu raison de suivre son instinct...

La tournée se poursuit, et finit par arriver à... Saint Louis. Lorsque le train entre en gare, Joséphine ne dissimule pas son émotion. Son premier réflexe est de rentrer chez elle, le cœur battant. Dans quel état va-t-elle trouver sa maison ? Sur le pas de la porte, elle obtient la réponse à sa question. La situation financière d'Arthur Martin ne s'est visiblement pas arrangée et la maison tombe en ruine. On ne semble pas malheureux pour autant et la fierté se lit sur les visages de la famille et des amis qui, par la rumeur, ont appris que la petite Tumpie était en train de devenir une « grande vedette de théâtre ». Carrie ne partage pas l'enthousiasme général. Elle se rend néanmoins au théâtre où elle découvre sa fille sur scène pour la première fois. De retour à la maison, elle se précipite vers Joséphine et lui administre une magistrale paire de gifles. Comment « son enfant » peut-elle accepter de se retrouver au milieu de « femmes nues » ? Quelques explications plus tard, la colère retombe et, à l'heure des adieux — car la tournée se poursuit —, Joséphine fait une promesse à sa famille : elle leur enverra tous les mois de l'argent, afin qu'ils ne manquent plus de rien. Un serment qu'elle va tenir bien au-delà des espérances des siens... Une manière de remercier sa mère de l'avoir mise au monde et de lui avoir ainsi permis de vivre des moments d'exception...

New York

Shuffle Along s'est joué à New York et a ouvert à Joséphine les portes d'un certain Broadway. Au début de l'année 1924, la voici engagée pour jouer dans un cabaret, le Plantation Club, où, sur scène comme dans la salle, les Noirs côtoient les Blancs. L'ambiance est extraordinairement chaleureuse et les clients souriants. Des hommes font des avances à la jeune danseuse. Elle résiste parfois mais, quand elle cède, elle n'en fait pas cas. Elle ne parle jamais de son mariage, en 1921, avec Billy Baker, un spectateur dont elle avait croisé le regard à Philadelphie, à la fin d'une représentation, et dont elle a fait le premier homme de sa vie. L'union n'est plus d'actualité trois ans plus tard, quand le destin se manifeste à nouveau à travers la présence, dans sa loge, après le spectacle, d'une jeune femme très belle et habillée avec raffinement. Elle s'appelle Caroline Dudley et cherche des artistes de couleur pour monter, à Paris, la *Revue Nègre*, un spectacle à l'image de ceux que l'on peut applaudir à Harlem, un quartier réservé aux Noirs.

Joséphine pourrait croire à une mauvaise blague. Comment une « pinkie » originaire de Saint Louis, qui gagne sa vie en se produisant dans un club de Broadway, peut-elle envisager de fouler un jour les trottoirs de Paris, la « ville lumière », célèbre sur toute la planète ? Elle ne rejette pas pour autant la proposition de son interlocutrice. Celle-ci affirme que sa façon si particulière de danser, de se déhancher, de faire le clown, qu'elle a adorée, peut séduire le public français. Elle ajoute qu'elle a également engagé un orchestre de jazz, dans lequel joue Sidney Bechet, qui, à moins de trente ans, est l'un des clarinettistes les plus célèbres du monde. Soupe au lait, si ce n'est bagarreur, il vient de connaître quelques différends qui lui ont donné l'envie d'aller, pendant quelque temps, voir ce qui se passe en Europe.

Le regard franc, la détermination de Caroline Dudley sont tels que Joséphine, très instinctive, comprend qu'elle n'a pas affaire à une mythomane, encore moins à une menteuse. Elle accepte sa proposition…

C'est ainsi que, au mois de septembre 1925, une troupe composée de vingt-cinq danseurs, chanteurs et musiciens embarque pour la France à bord d'un transatlantique, le *Berengaria*. Huit jours plus tard, le paquebot entre dans le port du Havre. Habituellement très expansive, Joséphine ne dit mot lorsqu'elle découvre la ville sous une pluie battante. Au fond d'elle-même, elle se demande ce qu'elle fait là, si loin des siens, de son pays. L'envie de rebrousser chemin l'effleure.

Après les formalités de douane, Caroline glisse discrètement un minuscule dictionnaire français-anglais dans la main de sa jeune danseuse. Elle a offert le même à tous les membres de la troupe, afin qu'ils n'aient pas le sentiment d'être des pestiférés, perdus dans ce que Joséphine baptise alors son Nouveau-Monde... À la gare, un homme lui lance en souriant : « Bonjour, ma cocotte ! »

Une fois installée à bord du train qui la conduit à Paris, Joséphine plonge dans le dictionnaire et découvre, non sans surprise, qu'elle vient de se faire traiter de « récipient en fonte ». Elle s'en plaint à Caroline Dudley qui éclate de rire et lui explique la réalité du sens de l'expression...

Trois heures plus tard, c'est l'arrivée sur le quai de la gare Saint-Lazare. La première image de Paris pour la troupe en général, et pour Joséphine en particulier : « And so, this is Paris ! » lance-t-elle simplement, en ajoutant un éclat de rire si fort que les passants se retournent, et n'en croient pas leurs yeux. Il faut avouer que l'image est spectaculaire. Joséphine porte une salopette à carreaux noirs et blancs, un immense chapeau de toutes les couleurs, comme les trente personnes qui l'accompagnent, dont le rouge, le bleu ou le jaune des tenues et des couvre-chefs tranche avec le noir de la peau. La troupe, au grand complet, de la future *Revue Nègre*.

La *Revue Nègre*

Joséphine est amoureuse. Elle aime Paris par-dessus tout. Personne n'a intérêt à lui rappeler que, à son arrivée au Havre, elle s'est demandé si elle n'allait pas rebrousser chemin. Désormais, elle affirme le contraire, avec un sourire tellement désarmant que l'on se trouve obligé de la croire sur parole. Elle évoque avec enthousiasme cette « ville lumière » dont elle a tellement entendu parler et dont les mille feux lui réchauffent le cœur. Elle s'étonne de voir les couples s'embrasser dans les rues. En effet, aux États-Unis, ce geste est passible de prison.

Elle commence également à tisser des liens avec Caroline Dudley, qu'elle apprend, petit à petit, à mieux connaître. Épouse désœuvrée d'un attaché d'ambassade, Daniel Reagan, elle s'est lancée dans l'aventure du spectacle pour occuper son temps, mais aussi par passion pour les danseurs et chanteurs noirs qui, à ses yeux, disposent de toutes les qualités pour toucher un public dont la dimension dépasse largement leur communauté. Elle a évoqué ce projet devant tous les directeurs de cabarets et music-halls et a systématiquement essuyé des refus, parfois à peine polis. Rolf de Maré, en revanche, s'est montré particulièrement intéressé. Ce milliardaire d'origine suédoise connaît alors bien des difficultés avec la gestion du Théâtre des Champs-Élysées. Depuis son ouverture en 1913, cette salle n'a jamais véritablement séduit le grand public, en dépit d'une programmation aussi prestigieuse qu'originale, à commencer par celle de la soirée d'inauguration qui a vu la création, extrêmement controversée, du *Sacre du printemps*, d'Igor Stravinsky, par les Ballets russes, à la tête desquels danse un certain Nijinski. Sous le coup de la déception, la presse a même titré le lendemain matin, « Le massacre du Printemps ».

En 1925, Rolf de Maré a décidé de se tourner vers d'autres voies. Le jazz l'intéresse particulièrement. Ce rythme, apparu pour la première fois en France en 1917 sur la scène du Casino de Paris, touche un public qui ne cesse de s'élargir. Pour mieux cicatriser les blessures de la Première Guerre mondiale, on fait la fête tous les soirs dans Paris et le nombre d'amateurs de ce que certains appellent « la musique nègre » grandit rapidement. André Daven, le directeur artistique du Théâtre des Champs-Élysées, partage son avis. Sur les conseils de Fernand Léger — un peintre considéré avec Georges Braque et Pablo Picasso comme l'un des maîtres du cubisme —, frappé par le succès d'une exposition consacrée à l'art nègre au musée des Arts décoratifs, à Paris, il se dit qu'un spectacle réalisé par des Noirs pourrait toucher un large public.

Arrive le jour de la première répétition. Rien n'est alors véritablement en place, mais ces musiciens et ces danseuses qui ont, de toute évidence, le « rythme dans la peau », apportent déjà un souffle nouveau. Le moment fort de cette journée, c'est celui où Joséphine se déchaîne dans un charleston que l'assistance regarde ébahie, mais séduite. Quelques assistants, ainsi que le pompier de service, tentent de l'imiter, mais l'exercice ne se révèle pas toujours très convaincant. À cette image, Joséphine éclate d'un rire si fort et si naturel que Caroline Dudley et Rolf de Maré se regardent. Ils se demandent s'ils ne tiennent pas là une future grande vedette de la scène...

C'est aussi le sentiment de Paul Colin. Ce peintre, qui a été chargé de réaliser l'affiche du spectacle, demande à Joséphine de le rejoindre le soir même dans son atelier voisin de la place de la République. Elle lui obéit, mais le regrette presque lorsque Colin, la complimentant sur ses formes, lui demande de poser nue. Elle refuse sèchement. Bien qu'elle ne le montre guère sur scène, elle est extrêmement pudique. Paul Colin insiste, la rassure, lui explique que dans le domaine de l'art la pudeur n'existe pas. À bout d'arguments, elle tente une ultime négociation et demande à conserver, au moins, un soutien-gorge. Colin refuse. Le lendemain matin, à l'occasion d'une seconde et ultime séance de travail, elle finit par céder et ne discute même plus lorsque le peintre lui demande d'enlever sa culotte...

C'est ainsi que Colin dessine une affiche où Joséphine apparaît, les mains sur les hanches, prête à bondir, dans une robe blanche ajustée, entre deux hommes, l'un aux grosses lèvres rouges et aux cheveux crépus, l'autre portant un chapeau incliné sur l'œil et un nœud papillon à carreaux.

Le nom de l'artiste ne figure pourtant pas sur ce dessin où l'on vante exclusivement les mérites de la *Revue Nègre*. Et pour cause. Si Joséphine ne se trouve pas mise en avant, c'est qu'elle n'est pas la vedette d'un spectacle dont le principe évolue, au fil des après-midi. De nouveaux numéros viennent s'ajouter, car Daven juge l'ensemble un peu court. Trois jours avant la première représentation, il débarque sur le plateau et explique qu'il n'a pratiquement pas dormi de la nuit, hanté par l'idée qu'il manque, à cet ensemble, un « petit quelque chose » qui peut faire la différence, et faire passer cette *Revue Nègre* d'un succès d'estime à un triomphe absolu. Il ajoute qu'il a téléphoné le matin même à Jacques-Charles, pour lui demander de l'aider à résoudre le problème.

Aucun membre de la troupe, à commencer par Joséphine, ne connaît le nom de Jacques-Charles. Et pourtant, il est extrêmement célèbre dans le petit monde du music-hall et de la revue. D'abord journaliste, il a commencé par écrire des spectacles, avant de devenir, à partir de 1917, le premier directeur artistique du Casino de Paris. Depuis 1924, il assume cette fonction au Moulin-Rouge, où Mistinguett triomphe avec des sketches et des chansons comme *Ça c'est Paris* ou *Mon homme*, à l'écriture desquelles il a collaboré. Il est officiellement « producteur », et certaines danseuses l'appellent « mister Producer », car il travaille aussi pour les États-Unis, en particulier avec Ziegfeld, un metteur en scène qui fait partie de ses amis.

Jacques-Charles débarque donc d'un pas vif au Théâtre des Champs-Élysées, et sourit derrière sa fine moustache lorsqu'il découvre la troupe au grand complet. À sa demande, chacun y va de son petit numéro. À la fin de cette « audition », il s'approche de Joséphine et lui demande si elle aurait quelques instants pour parler avec lui. Elle le suit en coulisses et, dans un anglais presque parfait, il donne un jugement qui se termine par des recommandations, voire des mesures à prendre d'urgence. Il explique, en particulier, que le spectacle est trop « parisien » et pas assez « nègre », et finit par suggérer à Joséphine d'apparaître la peau nue, couverte de plumes. Elle refuse tout net, en précisant qu'elle n'est pas strip-teaseuse, mais danseuse. Jacques-Charles insiste ; elle finit par céder...

Le 2 octobre 1925, peu après vingt heures, il n'y a plus une seule place de libre au Théâtre des Champs-Élysées. Pour assister à la « première » de cette *Revue Nègre* dont tout le monde parle depuis plusieurs jours, le Tout-Paris a repris le chemin d'une salle qu'il avait quelque peu délaissée depuis le temps des Ballets russes. Comment faire autrement lorsque, depuis plusieurs jours, les journaux vantent une *Revue Nègre* qui a déjà fait courir tout New York, « le jazz le plus formidable, toutes les étoiles noires pour la première fois à Paris » ? On ne peut rêver annonce plus alléchante. Dans le hall tapissé de rouge, où les fauteuils sont aussi de couleur pourpre, on reconnaît des personnalités en vogue, parmi lesquelles Fernand Léger, Van Dongen, Robert Desnos, Blaise Cendrars, Jean Cocteau, etc. Les aristocrates, les hommes d'affaires, les dandys et les « cocottes parisiennes » sont également venus en nombre. Ils n'ont jamais vu Joséphine Baker, mais, depuis quelques jours, son nom est sur toutes les lèvres. André Daven a lui-même déclaré dans la presse, à plusieurs reprises : « Elle est inconnue en France, certes, mais elle ne le demeurera pas longtemps. Elle n'est pas seulement une jolie Négresse. C'est une danseuse qui a beaucoup d'esprit dans les jambes et un sens de la caricature remarquable. »

Mais la *Revue Nègre*, ce n'est pas seulement Joséphine Baker ! Lorsque les lumières s'éteignent, le rideau rouge se lève doucement et les spectateurs découvrent un décor de gratte-ciel réalisé par Paul Colin, où Sidney Bechet se faufile, le temps de jouer quelques morceaux à la clarinette. La danseuse arrive beaucoup plus tard, et un murmure parcourt la salle. On avait promis aux spectateurs qu'elle allait les étonner, ils sont servis. Sa manière de danser, de faire bouger son long corps d'ébène, presque instinctivement, fait vibrer l'assistance. Elle se déchaîne, improvise, et l'on commence à taper des pieds et des mains, à applaudir... Quelques sifflets se manifestent, rapidement couverts par les ovations...

Une demi-heure plus tard, alors qu'il est presque minuit, Joséphine regagne sa loge, visiblement épuisée. Elle a tout donné, et même plus si cela est encore possible, car elle sait que cette soirée a une importance extrême. Elle n'a toutefois guère le temps de reprendre son souffle. Le spectacle se termine et Paul Colin arrive en la priant de s'habiller très vite pour se rendre au foyer du théâtre où on l'attend avec impatience pour la féliciter. À peine a-t-elle fait son apparition qu'elle est accueillie par une extraordinaire ovation. Elle semble particulièrement lumineuse dans sa robe somptueuse confectionnée pour elle par Paul Poiret. Le plus célèbre couturier d'avant-guerre a vu son étoile pâlir, et sort d'une période artistiquement et financièrement difficile. Sa présence à l'exposition internationale des Arts décoratifs, au Grand Palais, quelques semaines plus tôt, a redoré son blason. En habillant Joséphine pour un soir, et en créant ensuite pour elle une « robe Joséphine » de couleur rose que toutes les femmes vont rêver de porter, il effectue une rentrée prestigieuse dans le petit monde parisien, toujours chic, toujours du dernier cri...

La presse du lendemain et des jours suivants confirme cet enthousiasme. Au hasard des colonnes, on lit, à propos de la révélation de la *Revue*

Nègre, les mots « surprenant », « envoûtant ». André Levinson, le critique du journal *Comoedia*, parle d'une « Vénus Noire qui hanta Baudelaire ». On évoque ses petits seins, ses hanches dénudées, ses cheveux noirs coupés court et collés à la gomina qui font tellement penser à *La Garçonne*, le roman à scandale de Victor Margueritte, publié en 1922. On parle aussi, à travers son exemple, d'une ébauche de « liberté des mœurs », les plus intellectuels la présentent comme le symbole d'un art nègre de plus en plus à la mode.

Le rêve se poursuit, soir après soir. Joséphine est déjà une star. Celle que l'on surnomme « la reine de la danse sauvage » commence à profiter des avantages de la civilisation. Elle quitte très vite la modeste chambre d'un hôtel de la rue Campagne-Première, dans le quartier de Montparnasse, pour un établissement beaucoup plus confortable, rue des Batignolles. Elle s'installe ensuite dans un appartement, rue Henri-Monnier, au cœur de Montmartre. Joséphine vit ces triomphes avec une modestie apparente, sous l'œil de Caroline Dudley qui tente de l'aider à garder les pieds sur terre, ce qui est plus facile qu'il n'y paraît a priori. Ses excentricités ne sont en effet qu'apparences, et elle ne prend pas tout cela très au sérieux. Elle savoure son bonheur de l'instant. Elle achète des robes, des chaussures, mais aussi un lézard baptisé Zozo, qui vit dans une cage, ainsi qu'un serpent, Kiki, qu'elle porte le soir autour du cou dans les cabarets où la fête se poursuit après le spectacle. Elle boit de la bière, chante, continue à danser, mais par plaisir pur.

Ses fantaisies, ainsi que ses toilettes, les soins de la peau, le maquillage et les sorties coûtent cher, mais elle parvient à économiser néanmoins quelques dizaines de dollars qu'elle adresse fièrement à sa famille, à Saint Louis. Ou plutôt qu'elle fait adresser par l'un de ses nombreux prétendants qu'elle trouve particulièrement intelligent, beau et calme. Il s'appelle Georges Simenon ; elle est fascinée par son don hors du commun. Voilà en effet un homme capable d'écrire, en deux jours, un roman populaire ensuite publié, sans la moindre correction, sous l'un des pseudonymes qu'il affectionne. Elle l'aime beaucoup, mais le voit peu. Il semblait célibataire, mais elle découvre rapidement qu'il est marié depuis deux ans à une ex-étudiante des Beaux-Arts prénommée Régine.

Les représentations se terminent à la fin du mois de novembre, et se poursuivent presque aussitôt à Berlin. Comme à Paris, certains ne manquent pas de s'indigner, mais l'immense majorité des spectateurs applaudit à tout rompre. Chaque soir, en arrivant dans sa loge, Joséphine découvre des bouquets de fleurs adressés par des admirateurs conquis. Certains ajoutent même un mot d'amour, parfois très enflammé. On lui propose des rôles au cinéma, au théâtre, qu'elle refuse les uns après les autres. On lui assure qu'elle dispose de tous les atouts pour devenir une très grande comédienne. Elle ne répond même pas. Et pas seulement parce qu'elle préfère la danse à n'importe quelle autre activité artistique. Avant de quitter Paris, elle a en effet donné son feu vert à Paul Derval pour devenir la meneuse de la nouvelle revue des Folies-Bergère...

Les Folies-Bergère

24 avril 1926. Le hall des Folies-Bergère, à Paris, brille de mille feux. La salle n'est pas en reste. Les travaux de rénovation entrepris au début de l'année ont rendu le plateau suffisamment vaste pour accueillir les somptueux décors de *La Folie du Jour*, la revue qui débute ce soir. Signé Louis Lemarchand, ce spectacle en deux actes et quarante-cinq tableaux est présenté comme « la première hyper-revue de l'histoire du music-hall ». Le qualificatif de « super-revue », habituellement employé, n'a pas semblé assez fort pour Paul Derval qui est lui-même à l'origine d'une scène présentée comme le morceau de bravoure de la soirée. On découvre Joséphine Baker, dans un décor de forêt vierge, piquée par une mouche tsé-tsé, en train de vivre un rêve ; n'ayant pour tout vêtement qu'une ceinture composée de seize bananes, qui remplace les plumes et les aigrettes constituant l'uniforme traditionnel de la meneuse de revue. Elle ne grimace plus autant que l'an dernier, mais se déhanche toujours aussi sensuellement. Le clou de la soirée est, de toute évidence, l'arrivée sur le pla-

teau d'une immense boule de fleurs. Après être descendue par les cintres, elle s'ouvre, et l'on découvre Joséphine couchée sur un miroir... Elle se lève et entame une longue série de mouvements en ciseaux, les mains croisées sur les genoux. Autrement dit, elle danse le charleston...

À cet instant, Joséphine respire. Elle a eu très peur, et pas seulement parce qu'il s'agit d'un soir de première. La veille, au cours de l'ultime répétition, la boule s'est trouvée déséquilibrée entre le cintre et le plancher, et le couvercle s'est ouvert à cinq mètres au-dessus du sol. Ne disposant pas du moindre appui pour se raccrocher, Joséphine a compris qu'elle avait toutes les chances de basculer dans le vide, donc vers une mort certaine. À la dernière seconde, Derval a réalisé qu'il se passait quelque chose d'anormal, et hurlé suffisamment fort pour que la mécanique s'arrête juste à temps. Avec beaucoup de précautions, Joséphine va parvenir à se hisser dans un couvercle que les machinistes vont faire descendre, lentement, jusqu'au plateau. À la fin de cet incident qui aurait pu se terminer tragiquement, deux danseuses de la troupe s'évanouissent, sous le coup de l'émotion. Le sourire retrouvé, Joséphine, après les avoir réconfortées à leur réveil, ajoute : « Elles ont voulu me voler mon rôle ! »

La précision des tableaux, la qualité du spectacle et l'accueil des premiers spectateurs rassurent Paul Derval. Il joue gros avec cette revue destinée, dans son esprit, à rivaliser avec le Moulin-Rouge où Mistinguett chante *Paris, c'est une blonde*, devant le monde entier. La légende affirme qu'elle multiplie les caprices, mais cela n'est rien, semble-t-il, à côté des exigences de « Mlle Baker ». Exprimées, il faut le préciser, avec un sourire tellement désarmant qu'il est impossible de ne pas se plier à ses désirs. Paul Derval n'a pas oublié le jour où son représentant s'est rendu à Berlin pour signer le contrat établi avec sa vedette. Il s'est vu opposer un refus poli, mais ferme, par Joséphine, tentée par une aventure théâtrale en Allemagne, moins ludique et prestigieuse, mais tellement mieux rémunérée. Derval, qui avait déjà engagé beaucoup d'argent dans la préparation de la revue, a été obligé de s'aligner financièrement.

Les journées de Joséphine Baker se déroulent alors d'une manière aussi réglée que le papier à musique du chef d'orchestre des Folies-Bergère. Dès la fin de matinée, elle quitte la pension de famille de la rue Henri-de-Rochefort, près du parc Monceau, où elle vit, et se rend chez les plus grands couturiers de Paris, à qui elle commande des tenues, réglées pour la plupart par le généreux Paul Derval. En fin d'après-midi, elle débarque au théâtre et s'enferme dans sa loge. Certains soirs, elle donne des frayeurs au régisseur obligé de la chercher quelques instants à peine avant le lever du rideau. On finit par la découvrir en train de bavarder ailleurs ou de manger l'excellente soupe mitonnée, dans sa loge, par la gardienne de l'immeuble. Et lorsqu'on lui adresse le moindre reproche, elle répond qu'étant donné ce qu'elle arbore sur scène, elle n'a pas besoin de plus de quelques secondes pour se changer…

La nuit se termine dans des cabarets où on la couvre de compliments et de fleurs, avant de lui offrir une coupe de champagne qu'il lui est impossible de refuser. Un soir, elle croise le regard d'un homme jeune, séduisant, élégant, qui sacrifie à la mode en portant un monocle. Il invite Joséphine à danser un tango. Elle accepte. En la serrant très fort contre lui, il se présente : comte Giuseppe Abatino, dernier descendant d'une famille d'aristocrates italiens. Elle tombe éperdument amoureuse. Son devoir, dit-il, l'appelle à Rome, mais il promet de revenir. Pendant des semaines, elle se morfond, ne pense qu'à lui. Un soir, il débarque chez elle, à l'improviste. Ils décident de ne plus se quitter…

Pour la première fois de sa vie, Joséphine éprouve le sentiment de vivre avec l'homme qu'elle attendait, voire qu'elle espérait. Il l'accompagne partout, dans les manifestations mondaines, dans les soirées parisiennes. Il lui enseigne les bonnes manières, lui apprend comment il faut tenir ses couverts dans un dîner parisien ou les sujets de conversation qu'il faut ou non aborder. Il l'attend régulièrement à la porte de sa loge, à la fin du spectacle… Certains ne manquent pas de s'étonner de cette quasi-omniprésence et émettent des doutes sur la réalité de l'arbre généalogique du monsieur. Qu'importe. Joséphine est heureuse et surtout, elle n'est plus seule. Elle a enfin trouvé celui qui peut s'occuper de tout, en particulier de ses affaires, et lui donner des idées. Un matin, le comte Abatino lui propose d'ouvrir un cabaret qui porterait son nom. Devant l'étonnement de son interlocutrice, il ajoute qu'il est beaucoup plus simple, et moins onéreux, de passer ses nuits dans un lieu qui vous appartient, plutôt que de dépenser des fortunes chez les autres. Joséphine retient la suggestion et, à la veille de Noël 1926, elle annonce qu'elle recevra désormais ses amis, chaque soir, rue Fontaine, dans une salle à l'enseigne de « Chez Joséphine ».

Les lieux de fête sont alors très nombreux, et pas seulement dans le quartier de Pigalle. On passe, en quelques instants, de Montparnasse aux Champs-Élysées avant de prendre la direction de la Butte Montmartre. Le bourgeois fait la fête et les étrangers, très nombreux dans la capitale, le suivent en permanence. On ne passe pas à côté des lieux incontournables, comme les grands music-halls ou les clubs de jazz, de plus en plus demandés, mais on aime aussi fréquenter cabarets et bars plus méconnus où l'on côtoie, d'un peu loin mais suffisamment près pour s'offrir un peu de vertige, les voyous, les gigolos ou les belles de nuit…

L'établissement le plus couru, Le Bœuf sur le Toit, proche des Champs-Élysées, doit son enseigne à Jean Cocteau, l'un de ses plus illustres habitués. En quelques semaines, Chez Joséphine prend la relève et devient le lieu où il faut voir, où il faut être vu. Quand la maîtresse de maison « débarque », elle reçoit une ovation avant de se promener d'une table à l'autre, afin d'aller saluer un ambassadeur de ses amis, son épouse, à qui elle adresse mille compliments, le compositeur Georges Auric ou le cinéaste René Clair, ou encore un baron aux souliers vernis, voire un inconnu dont elle s'amuse à tirer très fort la barbiche, avant de l'inviter à la suivre dans un charleston endiablé. Il est si heureux de cet instant privilégié qu'il ne proteste pas quand un maître d'hôtel lui présente une note où la douzaine d'huîtres est facturée au tarif de la crotte de caviar, comme le « consommé des viveurs », destiné à ceux qui veulent conserver une forme physique parfaite jusqu'à l'aube. « Nos clients veulent voir de près la "Vénus d'Ébène", ils doivent en payer le prix », répond Pepito à ceux qui lui font remarquer combien ses prix sont prohibitifs.

Pour les moins nantis, il existe alors une seconde solution. À partir du mois de juin 1927, Joséphine se produit en effet dans un « thé dansant », à l'enseigne des Acacias, près de l'Arc de Triomphe. Elle danse alors plus de douze heures par jour. De toute évidence, avec le même bonheur.

Le monde du cinéma, encore muet, s'intéresse soudain à Joséphine. À titre d'essai, elle accepte que l'on tourne son spectacle des Folies-Bergère. La *Revue des Revues* lui permet simplement de vérifier que son image passe bien à l'écran. Ce qui est le cas. Elle entreprend des choses « plus sérieuses », en interprétant le rôle principal de *La Sirène des Tropiques*, un film écrit par Maurice Dekobra, l'auteur de *La Madone des sleepings*, un livre qui a fait scandale au début des années vingt. Dans les studios d'Épinay où l'on a reconstitué un semblant de village des Antilles, elle devient Papitou, dont le talent principal est de danser, et qui se retrouve passagère clandestine à bord d'un paquebot. La course-poursuite, qui se déroule d'un pont à l'autre, se termine naturellement fort bien... À l'issue des prises de vues et en découvrant l'ensemble, Joséphine avoue son scepticisme. Elle considère qu'elle perd son temps et préfère largement la scène à des plateaux, et elle y demeure plus que jamais présente.

En mars 1927, Paul Derval a lancé une seconde revue, *Un Vent de Folie*, dans laquelle elle a pour partenaire Jack Stanford, un roi du charleston. Une fois encore, on affiche complet tous les soirs mais, d'un commun accord, on décide qu'une troisième saison d'affilée serait une erreur. Il semble préférable de laisser passer quelque temps pour mieux revenir ensuite. Joséphine demande alors à Pepito de regarder de plus près les offres qu'elle pourrait accepter. Soucieux de toucher le public le plus large possible, il organise une représentation supplémentaire, en janvier 1928, à Paris, à la salle Pleyel, qu'il présente comme des « adieux à la scène ». En réalité, il joue sur les mots. Il ne précise pas qu'il s'agit seulement d'un désir de faire autre chose, de ne pas limiter ses prestations à la danse. Dans la foulée, il annonce une grande tournée mondiale qui bénéficie, bien entendu, de ce « coup de projecteur ».

C'est ainsi que le couple débarque un matin à Vienne et découvre que « la Vénus d'Ébène » a été précédée d'une réputation terrifiante, consécutive, sans doute, à son passage aux Folies-Bergère. Joséphine apprend ainsi, avec surprise et effroi, qu'un débat autour de sa présence a divisé le Parlement, et qu'une série de tracts circulant dans la ville la présentent comme le symbole de la luxure, du sexe et de toutes les formes de péchés possibles et imaginables. L'Église rejette si fort celle que l'on surnomme « le démon noir », que le jour de son arrivée, les tocsins de plusieurs paroisses se mettent à sonner en signe de protestation... Comprenant le message, elle décide de prendre tout le monde à contre-pied et entre en scène vêtue d'une longue robe noire fermée presque jusqu'au cou, avant d'interpréter une série de blues. Le public, stupéfait, lui réserve une ovation. Il en est de même au Wolf Pavillon, le cabaret le plus chic de la ville. Dès le lendemain, la presse et les intellectuels l'encensent comme « le symbole des femmes de couleur qui ont su conserver son caractère sacré à la danse ».

À Munich, quelque temps plus tard, la situation de départ est la même. Sur ordre du gouvernement, la police interdit son spectacle susceptible, dit-on, de « provoquer des désordres et corrompre les mœurs ». Joséphine, furieuse, annule ses galas, se contente de visiter les musées et de faire du lèche-vitrines. À Buenos Aires, elle doit faire face à la méfiance des autorités, à commencer par le président Irigoyen. Elle prend néanmoins le risque d'honorer son contrat. Pendant qu'elle chante et danse, on manifeste, on lance des pétards qui explosent entre deux notes. Elle ne se laisse pas déstabiliser pour autant, tout du moins en apparence. Quand elle revient dans sa loge, tremblant de tous ses membres, elle commence à se dire qu'elle a pris beaucoup trop de risques. Mais cela en valait vraiment la peine. Elle a tellement impressionné le public que les autorités choisissent de s'incliner. Elle va revenir à trois reprises, et afficher complet chaque fois. Avoir résisté ainsi lui vaut aussi la considération du président du Chili qui, en assistant au spectacle qu'elle donne à Santiago, met un terme aux attaques en tous genres.

La réputation de Joséphine a franchi les frontières grâce à ceux qui l'ont applaudi au Théâtre des Champs-Élysées ou aux Folies-Bergère, mais aussi à travers ceux qui en ont seulement entendu parler. Elle symbolise Paris et les Champs-Élysées, qui font rêver le monde entier. Le phénomène de mode est tel qu'il devient de bon ton d'aller voir Joséphine chanter et danser, même si l'on ignore tout de son répertoire. Et lorsqu'on la découvre pour la première fois, on n'est jamais déçu. C'est ainsi que le tour mondial se poursuit dans des conditions optimales. Elle arbore à nouveau la ceinture de bananes, et personne ne lui en tient rigueur, bien au contraire. Elle triomphe à Amsterdam, à Oslo, à

Budapest, où, reçue en audience privée par le ministre de l'Intérieur, elle se déchaîne à sa demande le temps d'un charleston. À Madrid, où elle passe deux mois, une bohémienne lui affirme que du sang gitan coule dans ses veines. À Stockholm et à Copenhague, le roi est dans la salle. À Prague, elle se retrouve devant huit mille personnes et, au final, on lui lance une centaine de pattes de lapin. Un journaliste a en effet écrit qu'elle en avait fait son porte-bonheur. Il s'agit d'une légende... Une de plus qui court à son propos. À l'exception d'une pièce d'un centime qu'elle appelle son « sou fétiche » et qu'elle conserve depuis ses jeunes années à Saint Louis, elle n'a jamais cru à autre chose qu'à son énergie et son talent pour saisir sa chance...

La fête se termine systématiquement dans des cabarets éphémères, rebaptisés Chez Joséphine le temps où elle est à l'affiche dans une ville. Pepito a tout organisé, avec maestria. Nous sommes loin d'être à l'ère du marketing et des produits dérivés. C'est dire si, dans ces domaines, elle est aussi très en avance sur son temps.

Le Casino de Paris

Paris, 1930... Joséphine Baker est de retour après une tournée mondiale de près de deux ans. Elle n'a guère changé, mais la France qu'elle retrouve n'est plus tout à fait la même qu'à l'heure de son départ. Les années folles s'essoufflent, voire se terminent, et de nouvelles modes s'annoncent à l'horizon. Être « l'idole sauvage », symboliser la liberté sous toutes ses formes n'est pas suffisant. Si Joséphine veut demeurer dans l'air du temps, elle doit évoluer, surprendre un public qui ne l'a pas oubliée, et affiche donc, à son égard, un préjugé favorable. Pepito y pense depuis plusieurs mois et, dès son retour en France, rencontre Henri Varna, propriétaire du Casino de Paris. Mistinguett, la reine légendaire de la revue, a triomphé chez lui un an plus tôt, et il est à la recherche d'une relève. Joséphine Baker lui paraît immédiatement la solution rêvée, à condition qu'elle soit capable de chanter, en français, des couplets spécialement écrits pour elle. Pepito répond que cela ne pose pas le moindre problème, bien au contraire. Il en a parlé plus d'une fois avec Joséphine qui partage cet assentiment. Il n'en faut pas plus à Varna pour donner son feu vert à la création d'une nouvelle revue dont le titre lui vient presque naturellement, *Paris qui remue*.

Les bases du spectacle, des décors, des costumes sont établies, elles aussi, très rapidement. On parle d'une forêt vierge, de transformer Joséphine en oiseau des îles, avec de grandes ailes blanches... Henri Varna propose à sa vedette de réaliser un numéro avec un guépard en laisse. Elle en accepte le principe et il lui offre Chiquita qu'elle va transformer, sans hésiter, en animal domestique... Enfin, presque. Les chansons s'écrivent, se composent dans la foulée. Deux jours avant la première, force est de constater qu'il manque, en seconde partie, un titre particulièrement fort. On appelle à la rescousse Vincent Scotto, le compositeur français le plus prolixe. Le lendemain, vers quatorze heures, il arrive rue de Clichy, visiblement ennuyé. Voilà plus de vingt-quatre heures qu'il cherche une mélodie susceptible de correspondre à Joséphine, mais rien ne vient. À quelques dizaines de mètres du Casino, rue de la Chaussée-d'Antin, quelques notes lui viennent à l'esprit. Il se tourne vers Géo Koger, un célèbre parolier avec qui il travaille et lui demande une feuille de papier. Appuyés contre la porte cochère d'un immeuble, ils écrivent, en quelques instants, les paroles et la musique de ce qu'ils intitulent *J'ai deux amours*. Dès qu'ils ont rejoint la salle de répétition, Scotto demande au pianiste de lui donner le ton et de jouer les premières mesures. Il commence à fredonner les paroles et le silence se fait dans une assistance qui écoute avec attention, et déjà avec plaisir, cette mélodie simple et efficace. Joséphine la fredonne à son tour, visiblement émue. Ce refrain exprime en effet ce qu'elle pense réellement : elle a deux amours, son pays et Paris...

Le 26 septembre 1930, les mauvaises langues du Tout-Paris, qui attendaient au tournant celle qu'ils surnomment « la sauvage », en sont pour leurs frais. La salle, où l'on reconnaît entre autres Francis Carco, Marcel Pagnol et Le Corbusier, est debout. Même les critiques qui s'étaient déchaînés contre elle, au moment de la *Revue Nègre*, applaudissent des deux mains. On salue une voix que l'on ne connaissait pas vraiment, et les progrès remarquables qui se sont produits pendant les cinq années depuis la *Revue Nègre* : « Ce n'est pas nous qui avons fait le chemin, c'est Mlle Baker qui s'est approchée de nous », écrit Gérard Bauer dans *Le Figaro*.

En souriant, Pepito, qui conserve soigneusement toutes les coupures de presse sur Joséphine, conclut : « Ce n'est plus Paris qui remue. C'est toi qui remues Paris... »

L'enregistrement, sous forme de 78 tours, de *J'ai deux amours* obtient le Grand Prix du Disque. Au dos figure *La Petite Tonkinoise*, la première chanson de Scotto que Joséphine interprète aussi sur scène. Elle est également sacrée « reine » de l'exposition coloniale qui se déroule en 1931 à la Porte Dorée, et dont l'événement est l'inauguration d'un musée des Arts africains et océaniens qui porte le nom de Musée permanent des colonies. Pepito, plus actif que jamais, négocie parallèlement des contrats publicitaires particulièrement juteux. Dans les journaux, on découvre Joséphine affirmer avec un immense sourire, qu'« elle se chausse chez Perugia », « écoute les concerts du monde avec radio-portable Vitus, sans antenne, ni cadre », « pilote une Delage » et, surtout que « le secret de sa coiffure, c'est Bakerfix ». Cette lotion qui permet aux Parisiennes d'avoir, comme elle, les cheveux plaqués sur le crâne, est une idée du comte Abatino. À la fin de l'année 1930, les ventes dépassent de très loin celles de tous les autres produits équivalents sur le marché.

La revue *Paris qui remue* va se jouer quatre cent quatre-vingt-une fois au Casino de Paris, pratiquement à guichets fermés. Ovationnée tous les soirs, Joséphine semble très heureuse. Au fond d'elle-même, elle ne l'est pas vraiment. Dans la maison du Vésinet, à quelques minutes du bois de Boulogne, où elle s'est installée, elle avoue un matin à Pepito la raison de son désarroi : elle voudrait que le monde entier soit aussi pleinement content qu'elle l'est aujourd'hui. Sinon, elle ne le sera jamais vraiment... En l'écoutant s'exprimer ainsi, son compagnon soupire. Il la connaît mieux que tout autre et comprend ce qu'elle veut dire. Il sait qu'elle rêve de redistribuer aux plus pauvres une partie de l'argent qu'elle gagne chaque jour, de recueillir, soigner et nourrir tous les animaux errants qu'elle croisera sur son chemin. La vraie

Joséphine n'est pas une star qui se gausse de vivre couverte de plumes et d'aigrettes, mais une femme de devoir qui n'a pas oublié celles et ceux de sa race qui ne peuvent pas s'en sortir. Tout est bon pour les aider, les soutenir. À plusieurs reprises, elle s'est demandé si, pour mieux servir Dieu et ses fidèles, elle n'avait pas intérêt à entrer dans les ordres. Elle a finalement convenu qu'elle serait plus efficace pour aider les autres sous les projecteurs qu'au fond d'un couvent…

À l'issue d'une tournée en France et en Belgique où Joséphine apparaît, en star, dans un spectacle annoncé comme « une rétrospective des meilleurs numéros du Casino de Paris », Henri Varna, le directeur de la salle de la rue de Clichy, lui offre un contrat pour une nouvelle revue, dont, une fois encore, il a déjà le titre. Elle s'intitulera *La Joie de Paris*. Pour la chanteuse, c'est un nouveau défi. Elle remet son titre en jeu, et ne peut pas refaire exactement la même chose, sous peine d'être moquée, voire conspuée. Une fois encore, Pepito trouve la solution : elle va jouer les danseuses classiques, le temps d'un numéro sur pointes. Il pense aussitôt à Serge Lifar, créateur des plus célèbres ballets de George Balanchine. Ses chorégraphies font alors autorité, et enseigner l'art des pointes à Joséphine Baker est un défi qui devrait l'amuser. C'est exactement ce qui se produit. Un rendez-vous est fixé à Venise où le chorégraphe se rend régulièrement en souvenir de Diaghilev, son maître, qui a longtemps vécu au pied des canaux.

Ils se retrouvent sur la plage du Lido, en maillot de bain, au grand désespoir de Joséphine. Elle ne porte jamais ce genre de tenue, déteste par-dessus tout les bains de mer et craint les coups de soleil qui font virer sa peau de la couleur du chocolat au lait au noir ébène. Elle accepte néanmoins cette contrainte, se familiarise avec l'art de porter des chaussons et rentre à Paris, afin de poursuivre, seule, son entraînement classique.

« Allez-y, Joséphine, n'hésitez pas, lance Serge Lifar avant de la quitter. Vous êtes douée. Vous avez un excellent coup de pied ! »

La première de la revue est fixée au 3 décembre 1932. Ce soir-là, le public aperçoit, parmi les décors, une cascade d'eau d'où jaillit Joséphine pour chanter de nouveaux couplets intitulés *Hawaï*. On la découvre également interprétant des sketches avec René Dorin, l'un des plus illustres chansonniers de Montmartre, et on a, comme elle, la gorge serrée en l'écoutant interpréter un refrain *Si j'étais blanche*, coiffée d'une perruque blonde qui ne manque pas de faire son effet. Une fois encore, elle montre, à sa manière, qu'elle demeure plus que jamais sensible aux souffrances de ceux qui, comme elle, ont la peau « pinkie », voire noir ébène...

La Créole fait du cinéma

Octobre 1933… Joséphine reprend le cycle des tournées. Forte du succès de *La Joie de Paris*, elle est engagée à Londres, puis se rend à Stockholm, au Caire, à Athènes et à Rome, où Mussolini s'était pourtant juré de faire interdire son spectacle. Devant la pression populaire, le Duce a préféré céder.

Au début de l'année 1934, Pepito, véritable as du marketing avant la lettre, comprend qu'il est temps pour Joséphine de s'engager dans une nouvelle voie. Il demeure ainsi fidèle à un principe très simple : pour demeurer en haut de l'affiche, elle doit toujours aller de l'avant dans tous les domaines, y compris les plus novateurs. Il estime ainsi qu'il est temps pour elle de revenir au cinéma. Depuis un peu plus de quatre ans, il est devenu parlant, et même chantant. C'est ainsi que naît *Zouzou*, l'histoire d'une jeune blanchisseuse créole, qui devient vedette de music-hall, et tombe amoureuse d'un marin, interprété par Jean Gabin. Le duo imaginé par Pepito est d'autant plus crédible que ce jeune acteur en pleine ascension depuis son premier long-métrage, *Chacun sa chance*, a débuté aux Folies-Bergère quelques années avant Joséphine. Il ne se sentira donc pas dépaysé dans des scènes reconstituant des tableaux créés pour *La Folie du Jour*. Mis en scène par Marc Allégret, ce film se termine volontairement par la rupture des tourtereaux : « Zouzou appartient à son métier... comme Joséphine », confie alors Pepito aux journalistes, pour expliquer ce dénouement...

L'année suivante, elle reprend le chemin des plateaux, le temps d'une aventure exotico-féerique, imaginée par Pepito, intitulée *Princesse Tam-Tam*. Elle y joue le rôle d'une Cendrillon moderne qui rencontre un noble, interprété par Albert Préjean, un acteur alors aussi célèbre que Jean Gabin. Il connaît lui aussi la musique puisqu'il a été, en 1930, la vedette du premier film « parlant et chantant », *Sous les toits de Paris*, réalisé par René Clair. Ce mélodrame, mis en scène par Edmond Gréville, est tourné en Tunisie. Il permet surtout à la « Vénus Noire » de créer, dans les studios, une danse totalement inconnue en France, la conga, chère dans les siècles passés aux esclaves, qui oubliaient, sur ce rythme, les souffrances et les épreuves de la journée. Ce que celles et ceux qui vont danser ainsi ignorent totalement...

Entre-temps, elle a, une fois encore, innové. Albert Willemetz, auteur de chansons à succès, à commencer par *Mon homme*, et directeur des Bouffes-Parisiens, lui téléphone un matin pour lui proposer le rôle principal de *La Créole*, une opérette de Jacques Offenbach. Pepito trouve l'idée géniale, mais Joséphine semble plus sceptique. Avec une moue innocente, elle lance : « Tout cela c'est bien beau ! Mais est-ce que ce M. Offenbach voudra de moi ? » Ses interlocuteurs ne parviennent pas à garder leur sérieux. Entre deux hoquets, Pepito tente de lui expliquer que ce compositeur de génie est mort depuis plus d'un demi-siècle. Vexée, penaude, Joséphine change de sujet et s'interroge sur les mélodies. Un rendez-vous est fixé aux Bouffes-Parisiens, où un pianiste joue quelques-uns des airs principaux :

« Ça ne me va pas, ça ne jazze pas assez », s'exclame Joséphine à la fin de cette première séance de travail.

Petit à petit, Pepito et Albert Willemetz parviennent à trouver les arguments qui la feront changer d'avis. Elle parle désormais parfaitement le français et dispose donc de tous les atouts pour montrer qu'elle est aussi une excellente comédienne de théâtre. Afin de l'aider à progresser, le professeur d'art lyrique d'Yvonne Printemps lui donne des cours particuliers. Le meilleur et le plus vieil ami d'Albert Willemetz lui donne aussi des conseils. Il s'appelle Sacha Guitry. Il vient aux répétitions et apprend à Joséphine l'art de se tenir en scène tout en conservant ce naturel qui lui va si bien. Il lui recommande aussi d'éviter de prêter attention à des critiques dont le seul véritable objectif est de blesser celles et ceux qui ont tenté quelque chose, à l'inverse de ces malfaisants qui n'ont jamais rien fait. Il faut avouer qu'ils ne sont pas tendres avec elle. Avant même de l'avoir entendue pousser la première note, ils écrivent qu'à coup sûr le compositeur va se retourner dans sa tombe. À quoi elle répond, le sourire aux lèvres, à Pierre Lazareff, un jeune journaliste passionné de spectacle qui fait partie de ses admirateurs fervents, qu'elle sera la seconde Créole, après Joséphine, l'une des femmes de Napoléon... Manière de montrer que, à l'inverse d'une légende bien établie, elle n'est pas aussi inculte que certains le prétendent.

La production s'organise et, d'un commun accord, il est décidé que le spectacle sera produit par les Bouffes-Parisiens, mais se déroulera à Marigny, aux Champs-Élysées. La scène y est plus spacieuse et la fosse peut accueillir quarante musiciens. Le spectacle débute le 15 décembre 1934 avec, dans la salle, les têtes d'affiche de l'époque, de Simone Simon à Pills et Tabet, en passant par Arletty et Sacha Guitry, accompagné de sa nouvelle future femme, Jacqueline Delubac. Le lendemain, les détracteurs ne sont pas nombreux. Certains critiques qui ont l'habitude de tremper leur plume dans le vitriol affirment que « l'on s'est donné beaucoup de mal pour rien », mais d'autres, visiblement enthousiastes, jugent que cette *Créole* vaut bien *La Belle Hélène*, l'un des opéras-bouffes les plus réussis de Jacques Offenbach. Le « soiriste » du *Petit Journal* conclut son article en écrivant : « Elle a tant de cordes à son arc qu'elle pourrait en faire une harpe. »

Les représentations se poursuivent pendant une saison. Le point d'orgue se situe le 16 février 1935. La radio anglaise retransmet *La Créole* dans son intégralité. Assise devant un poste de TSF en bakélite, Joséphine ne dissimule pas sa fierté. Pour la première fois, elle réalise que sa voix traverse les océans. Et elle mesure le chemin parcouru depuis cette cave de Saint Louis où elle rêvait de théâtre…

Adieu, Pepito

Du nouveau, toujours du nouveau... Telle pourrait être la devise de Pepito, lorsqu'il construit la carrière de Joséphine. Fin 1935, il décide, une fois encore, de frapper un grand coup. Un matin, au petit déjeuner, le sourire aux lèvres, il annonce à Joséphine qu'il vient de signer un contrat à New York ! Aux *Ziegfeld Folies*, symbole du music-hall, où sont nées les premières grandes revues de Broadway ! Rien ne pouvait lui faire plus plaisir. Elle bondit de joie et saute au cou de son compagnon. Elle s'imagine déjà tête d'affiche, dans ce théâtre bâti au sommet d'un gratte-ciel, dominant une ville où elle a débuté au bas de l'échelle.

Le rêve va rapidement virer au cauchemar. À son arrivée dans un palace proche de la Cinquième Avenue, Joséphine apprend qu'elle doit faire chambre à part avec Pepito. Les protestations de ce dernier auprès de la direction n'y font rien, car la loi américaine est formelle : ils ne sont pas mariés et ne peuvent donc partager le même lit. Joséphine accepte cette contrainte et ne s'en porte pas plus mal, bien au contraire. Elle éprouve, depuis quelque temps, le besoin de se retrouver seule, de respirer. Les rapports avec son Pygmalion ne cessent de se détériorer. Il manifeste de plus en plus souvent sa mauvaise humeur et fait même preuve d'une certaine violence, accusant Joséphine de lui être infidèle. Elle a des aventures extraconjugales avec d'autres hommes, c'est certain, et il ne le supporte plus. Surtout lorsque des esprits chagrins lui rapportent des rumeurs qui s'avèrent, à force de recoupements, relever de la plus pure vérité... De son côté, Joséphine n'est pas mieux lotie. Voilà des années qu'elle répond par le dédain à ceux qui assurent que Pepito profite d'elle, qu'il n'est rien de plus que son gigolo. Il mène sa vie, lui aussi, et reçoit, à Paris, chez eux, des « amis » au comportement parfois assez louche, et qui disparaissent aussi vite qu'ils sont entrés dans sa vie. Elle sait qu'il n'est pas, et n'a jamais été comte. Son seul titre de noblesse, c'est une décoration obtenue sur les champs de bataille dans les rangs de l'armée italienne. Elle se doute depuis le début qu'il n'est pas franchement désintéressé, mais considère objectivement que sans lui elle n'en serait pas là où elle est arrivée. Il a pris en main sa carrière, et lui fait gagner beaucoup d'argent, même si elle lui en rétrocède une bonne partie. Il a eu quelques initiatives plus ou moins heureuses, voire malheureuses, à commencer par l'écriture d'un roman, *Mon sang dans les veines*, inspiré par une histoire vraie que lui a racontée Joséphine : celle d'une jeune Noire qui sauve la vie d'un Blanc en lui offrant son sang. L'échec de ce livre, signé par le comte Abatino, a créé, dans l'esprit de ce dernier, un sentiment de jalousie, voire de rivalité qui ne s'est pas estompé. À New York, il va encore s'amplifier. Il lui est désormais impossible de conserver, ne serait-ce qu'un œil, sur « sa » Joséphine, et il le prend très mal. Il lui demande des comptes, et elle ne répond pas. Séparation d'appartement oblige, les disputes éclatent partout, y compris dans le hall de l'hôtel, sous les yeux de clients surpris, voire effarés lorsqu'ils reconnaissent « la Vénus Noire » en pleine scène de ménage.

Cette situation se révèle d'autant plus difficile à gérer à l'heure où Joséphine doit faire face, au théâtre, à des difficultés qu'elle n'imaginait pas. À l'origine, elle a traversé l'Atlantique pour être la vedette de la nouvelle revue des *Ziegfeld Folies*. La réalité est tout autre. Son nom figure au milieu de l'affiche, entre Bob Hope, un ex-boxeur devenu un jeune humoriste aux talents multiples, et Gertrude Niesen, une chanteuse à la voix d'or. La seconde partie du spectacle est assurée par Fannie Brice, qui fait partie depuis plus d'un quart de siècle des *Ziegfeld Folies*. Cette dernière a toujours eu les faveurs du créateur de ces revues, et, depuis la mort de ce dernier, trois ans plus tôt, elle est très proche de Billie Burke, sa veuve, qui a repris le flambeau. Joséphine se sent d'autant moins à l'aise qu'à Paris elle a pris la mauvaise habitude de n'en faire qu'à sa tête, et donc de faire tout ce qui lui passait par la tête ! Aucun directeur, à commencer par Paul Derval, ne s'y est opposé. C'est dire sa surprise lorsqu'elle se voit opposer une fin de non-recevoir à une idée qui lui paraît aussi simple qu'efficace pour toucher les publics : apparaître sur scène avec des costumes, fourrures et bijoux qu'elle a portés à Paris, aux Folies-Bergère, donc connus des Américains qui l'ont déjà applaudie en France. Ils sont parfaitement rangés dans ses malles. Ils vont y rester... Elle regarde aussi en souriant jaune le costume qu'a réalisé pour elle Vincente Minelli, également créateur des décors : une ceinture de bananes, bien sûr, mais quelque peu particulière, avec des pointes à la hauteur des reins... Elle trouve cela ridicule, voire caricatural, mais que peut-elle y faire ? Enfin, elle constate que son statut de star ne l'empêche pas d'être considérée, dans les rues, comme en coulisses, et par tous comme une « Négresse ». Cela lui vaut quelques crises de larmes qu'elle dissimule soigneusement, afin de ne pas prendre le risque d'être encore plus humiliée...

Pour se consoler, Joséphine se dit qu'elle va bénéficier de George Balanchine comme chorégraphe sur des musiques signées Vernon Duke, le créateur d'*April in Paris*, qui a travaillé, pour les paroles, avec Ira Gershwin. Elle apprécie aussi la réflexion de Murray Anderson, le metteur en scène. Celui-ci lui demande de se concentrer sur un répertoire qui rappelle sa gloire à Paris plutôt que son passé lointain et miséreux à Harlem. Enfin quelqu'un qui a compris ce qu'elle vaut. Il se révélera être le seul à la considérer vraiment...

La tradition voulant qu'un spectacle soit répété dans d'autres villes avant d'affronter la critique à New York, la première de *Ziegfeld Folies 1936*, se déroule à Boston, le 30 décembre 1935. La prestation de Joséphine dure environ une quinzaine de minutes. Elle est composée de trois numéros, contre sept pour la vedette de la revue. Elle chante *Maharani* dans un décor rappelant les courses hippiques à Longchamp, puis dans l'ambiance d'une nuit parisienne à cinq heures du matin, avant de se déchaîner, le temps d'une conga, la danse dans laquelle elle excelle. Ces numéros sont salués par des applaudissements polis. Le 14 janvier, une nouvelle série de représentations se déroule à Philadelphie. Triste, déprimée même, et pour toutes sortes de raisons, Joséphine refuse de recevoir des journalistes, qui s'indignent ensuite dans les colonnes de leurs gazettes de constater que « cette artiste qui a fait ses débuts dans les quartiers noirs de New York semble vouloir l'oublier et tirer un trait sur son passé ». L'accueil du public n'est guère plus chaleureux. Dans le tableau se déroulant à cinq heures du matin, elle termine sa danse adulée par quatre Blancs qui se prosternent à ses pieds. Le public, majoritairement blanc, ne semble guère apprécier l'humour de la scène !

Les turbulences se poursuivent dès le retour de New York. Certains affirment que Joséphine est tellement décevante qu'elle a toutes les chances d'être remerciée avant la première à Broadway.

En dépit du démenti cinglant des producteurs, la rumeur persiste jusqu'au lever du rideau. Certains semblent même s'étonner de la voir tenir son rôle.

Le lendemain matin, elle découvre, à la lecture des journaux, que les critiques se contentent de citer son nom, sans ajouter le moindre commentaire. Deux lui consacrent cependant une phrase chacun. Le premier écrit sans ménagement : « Je n'aime pas Joséphine Baker. » Quant au second, sa remarque n'est guère plus à l'avantage de la jeune femme : « Je n'ai pas compris un mot de ce qu'elle chante. » Joséphine reçoit ces propos comme un véritable camouflet. Folle de rage, elle déboule dans la chambre de Pepito, avec l'intention de lui faire « bouffer » son journal. Elle lui reproche violemment de l'avoir entraînée dans une galère. Elle a renoncé à des propositions exceptionnelles en Europe, qu'elle ne retrouvera peut-être jamais. Elle ne comprend pas qu'il ait accepté de signer un contrat avec autant de légèreté. Comment est-il possible qu'il n'ait pas vérifié sa place dans la revue, voire sur l'affiche ? Il tente de se justifier, et le ton s'envenime. Blême de colère, Pepito ouvre un placard, prend ses affaires, les jette dans une valise et annonce qu'il va monter dans le premier avion pour Paris. Elle ne tente pas de le retenir. Elle lui souhaite même bon vent.

Elle ne le reverra plus jamais. Profondément blessé d'être ainsi « remercié », Pepito rentre à Paris, malade, et procède à une série d'examens médicaux. Le diagnostic est formel : cancer du foie. Après plusieurs mois de souffrance, il disparaît le

21 septembre 1936. Son enterrement se déroule à Neuilly où Joséphine affiche un chagrin qui n'est pas feint, même si la plaie de l'échec de New York n'est pas totalement cicatrisée. Elle va toutefois avouer à quelques intimes qu'elle regrette d'avoir tranché dans le vif. Elle se reproche son geste qui a peut-être accéléré la progression du mal.

Son attitude est d'autant plus sincère que, si elle s'était montrée plus clémente, cela n'aurait rien changé. La revue a connu un succès d'estime et les représentations se sont terminées à la fin du mois de mai. Les *Ziegfeld Folies* ont vécu des jours plus heureux.

Joséphine s'est consolée avec l'ouverture, sur la 54e Rue, au début du mois de février, d'un cabaret à l'enseigne de Chez Joséphine. Suivant l'exemple de ce que son mentor avait mis en pratique à Paris, elle s'y est produite chaque soir, le temps de quelques chansons et ballets. Le cabaret a rapidement affiché complet. Les messieurs ont particulièrement apprécié les moments où, sans le moindre complexe, elle s'installe sur leurs genoux, et les couples se sont beaucoup amusés, à l'heure du final, d'un lâcher géant de ballons. Cette performance doit toutefois être replacée dans son contexte : il y a moins de cent places dans la salle, soit trente fois moins qu'au théâtre.

Tout au long de l'été 1936 les Français sont en joie parce qu'ils découvrent les premiers congés payés. En arrivant de New York, Joséphine Baker ne partage pas ce sentiment. En son âme et conscience, elle sait qu'elle repart de zéro et que, cette fois-ci, elle va se battre seule. Elle est également consciente qu'un changement profond est en train de s'opérer au plus profond d'elle-même et qu'elle vit la fin d'un cycle. Elle a gagné beaucoup d'argent, en a dépensé autant, sans réfléchir à l'avenir ou mesurer toujours la réalité de son privilège. Sans doute a-t-elle péché par excès de confiance… Elle en veut pour preuve son attitude envers Pepito. Dans son état normal, elle n'aurait jamais hurlé de cette façon contre lui… Il lui semble donc urgent de changer. Elle en a assez de passer des nuits glauques à rouler des yeux ou danser pour des anonymes ou de soi-disant personnalités dont elle oublie le nom dès les premiers applaudissements venus. Elle ne supporte plus non plus ces gens qu'on lui présente comme « très importants » et dont elle n'a que faire, qui l'abrutissent en lui parlant pendant des heures de sujets qui ne l'intéressent absolument pas. Ils la rincent au champagne, elle trinque, boit et se dirige presque aussitôt vers les toilettes pour vomir. Elle parvient aussi, discrètement, de temps à autre, à dissimuler une flûte sous une table ou à verser son contenu dans un pot de fleurs. Cela ne l'empêche pas de regagner son lit, titubante, avant de s'endormir en quelques secondes. Sans doute pour rêver d'un monde qui ne ressemble pas à cette forme de réalité que le destin lui a offerte…

Mme Jean Lion

Joséphine Baker a retenu les leçons de Pepito. La jeune danseuse timide s'est transformée en redoutable négociatrice, et elle le montre, dès son retour à Paris, à Paul Derval lorsqu'il lui confirme son nouveau contrat pour les Folies-Bergère — il lui en avait déjà parlé lorsqu'il s'était rendu spécialement à New York pour l'applaudir. Elle pose des exigences financières très importantes, avant de donner son accord pour être, à partir du mois de septembre 1936, la meneuse d'*En Super-Folies*, une somptueuse revue en cinquante tableaux. Elle demande aussi que son contrat coure au moins jusqu'à la fin de l'exposition universelle de Paris, qui doit débuter en mai 1937 et s'annonce comme un événement mondial. Il est évident qu'elle ne peut rêver, justement, meilleure exposition... Paul Derval accepte le marché, sans discuter. Il est conscient que ce spectacle peut lui rapporter autant d'argent que de notoriété. Le prix moral à payer n'est pas non plus à la portée de toutes les bourses. Il sait que Joséphine est capable de tout, y compris de justifier une absence injustifiable par un sourire et une pirouette, et qu'il faudra lui pardonner. Il est également conscient qu'il va devoir fermer les yeux sur l'ambiance qui va régner en coulisses, autour de la loge de l'artiste. En fonction de son humeur, elle est capable d'arriver en tenant en laisse des chiens, ce qui est banal, mais aussi des chèvres ou des chiens, ce qui pose beaucoup plus de problèmes lorsqu'ils s'échappent pour une promenade entre les décors, pendant le spectacle. La première d'*En Super-Folies* se déroule le 21 septembre 1936, et se prolonge fort tard. À cette occasion, Paul Derval a voulu renouer avec une tradition parisienne qui remonte aux années 1900-1910. En ces temps lointains où les bourgeois prenaient le temps de vivre, la soirée commençait par le dîner et était suivie du spectacle proprement dit qui ne débutait jamais avant minuit. Le ventre suffisamment plein pour éprouver le désir de faire une petite sieste, les spectateurs se calent confortablement dans leurs fauteuils. Certains tiennent le choc, d'autres vivent, les yeux mi-clos, un rêve éveillé, ou presque. Paul Derval n'a pas lésiné, en effet, sur les moyens. Pour célébrer le retour de Joséphine sur la scène parisienne, il la transforme, entre autres, en reine des neiges, trônant sur un traîneau de fourrure tiré par huit chiens esquimaux. Elle devient ensuite marchande de glaces, puis se transforme en gamine pour danser le paso-doble et évoquer, dans une scène particulièrement émouvante, le Saint Louis de son enfance... Au début de la seconde partie, dans un tableau intitulé « La jungle merveilleuse », elle apparaît sur un éléphant. Au final, elle précise que « Paris est désormais son pays ». Autrement dit, elle n'a plus l'intention de retourner aux États-Unis. Elle tourne même franchement le dos à sa terre d'origine. La France est pour elle plus que tout...

Les décors de la revue, particulièrement somptueux eux aussi, ont été réalisés à partir de maquettes de Michel Gyarmathy. Ce Hongrois, arrivé en France trois ans plus tôt, est un inconditionnel de Joséphine qu'il a applaudie en 1928, en tournée, à Budapest. Depuis, il n'a plus qu'une idée en tête, travailler aux Folies-Bergère. À plusieurs reprises, il a demandé un rendez-vous à Paul Derval, afin de lui montrer des maquettes, mais la réponse a toujours été jusqu'alors négative. Un matin, il a tenté le tout pour le tout et dessiné décors et costumes d'une revue imaginaire, à l'aide de bâtons de craie, sur le trottoir, juste devant l'entrée. Une averse imprévue a détruit son œuvre, mais il a récidivé le lendemain matin. Il a ainsi provoqué un attroupement qui a suscité la curiosité de Paul Derval. Découvrant ce travail, le maître des lieux a demandé à Gyarmathy de nettoyer le trottoir à l'aide d'une serpillière, car il ne voulait pas le moindre graffiti devant chez lui. Il l'a ensuite prié de venir le rejoindre dans son bureau où il l'a aussitôt engagé... Il avait en effet remarqué son talent et n'avait pas voulu laisser passer ce qu'il considérait comme un cadeau du ciel.

C'est accompagné de Michel Gyarmathy que Paul Derval sort des coulisses, après le final, vers trois heures du matin, pour embrasser sa vedette et la couvrir de fleurs. « Il faut donner à rire et à rêver et c'est ce que fait Joséphine », s'exclame-t-il en remerciant ses équipes et en saluant une assistance qui applaudit debout, et dans laquelle on reconnaît Gaby Morlay, Blanche Montel, Marianne Oswald, Henri Varna, Denise Grey, Jean-Pierre Aumont, Georgius, Sacha Guitry, et le jeune Charles Trenet. Ce dernier chante alors en duo avec Johnny Hess et doit beaucoup à Joséphine. Elle se trouvait dans la salle du Palace lorsque le duo a passé sa première audition devant Henri Varna. Le propriétaire de ce music-hall n'a pas été convaincu par le répertoire de ce poète encore inconnu. Et c'est Joséphine qui l'a persuadé de leur donner leur chance en s'exclamant : « Engage-les, ils sont si mignons... »

Trenet est le premier à féliciter la meneuse dans sa loge :

« Vous avez gagné, Joséphine, bravo, vous êtes plus merveilleuse que jamais, déclare-t-il, en la serrant dans ses bras. Mistinguett va en être jalouse. Vous êtes désormais sa bête noire ! »

Heureux de son bon mot, il éclate de rire, comme Joséphine, particulièrement radieuse. Trois heures de scène ne l'ont pas épuisée, bien au contraire. Elle sait que le public est revenu, et que son faux pas américain est désormais oublié. Elle touche à nouveau les plus grands. Elle en veut pour preuve ce mot de Colette que la romancière, qui a débuté au music-hall peu après 1900, lui a fait porter l'après-midi même dans sa loge, en souvenir d'une amitié qui a débuté au temps de la *Revue Nègre* : « Prenez mon souvenir affectueux, mes tendres souhaits sur cette très vieille feuille que je garde depuis si longtemps qu'elle en est jaunie, écrit-elle. Ces papiers sentimentaux ne plaisent plus qu'aux cœurs sensibles, aux enfants et aux poètes. C'est pourquoi je remets cette feuille entre vos mains et vous embrasse... »

Colette qui écrit aussi, dans l'article qu'elle consacre à Joséphine Baker : « Elle enjambe, comme une margelle, les étoffes qui la quittent, et d'un seul pas assuré elle entre dans la nudité et la gravité. Le dur travail des répétitions d'ensemble semble l'avoir un peu amincie, sans décharner son ossature délicate. Les genoux ovales, les chevilles affleurent la peau brune et claire, d'un grain égal, dont Paris s'est épris. Quelques années et l'entraînement ont parfait une musculature longue, discrète, ont respecté la convexité admirable des cuisses. Joséphine a l'omoplate effacée, l'épaule légère, mobile, un ventre de jeune fille, à nombril haut. Grands yeux fixes, armés de cils durs et bleus, pommettes pourpres, sucre éblouissant et mouillé de la denture entre les lèvres d'un violet sombre ; la tête se refuse à tout langage, ne répond rien à la quadruple étreinte sous laquelle le corps docile semble fondre. Paris ira voir, sur la scène des Folies, Joséphine Baker, nue, enseigner aux danseuses nues la pudeur. »

Un cœur sensible, une enfant, une poétesse... Joséphine sait qu'elle est un peu tout cela à la fois, même si elle le dissimule derrière une extravagance, moins forte que jadis, mais néanmoins soigneusement calculée, voire étudiée. C'est un réflexe qu'elle a retrouvé, en même temps que le succès. Tout va bien pour elle. Les Folies-Bergère affichent complet, comme le nouveau cabaret — naturellement baptisé, une fois encore, Chez Joséphine — qu'elle ouvre, fin 1936, rue François-Ier, près des Champs-Élysées, à l'emplacement même du Gerny's, où, un an plus tôt, Louis Leplée a fait débuter « la môme Piaf ». Assassiné en avril 1936, il a laissé une salle que la « Vénus Noire » transforme à sa manière. Elle choisit son répertoire, en fonction de son humeur.

Parmi ses clients et amis figure un jeune industriel, négociant en sucre, aussi beau qu'élégant, Jean Lion. Elle l'a rencontré dans une soirée mondaine dont elle était la marraine, et ils se sont aussitôt trouvé des passions communes, à commencer par le cheval. En dépit du risque que peut représenter l'équitation lorsque l'on doit monter sur scène tous les soirs, Joséphine se rend régulièrement dans un manège de la banlieue parisienne, où son nouvel ami l'entraîne au galop... Ils jouent les prolongations le soir, et ne se quittent pratiquement plus. Joséphine a désormais tout retrouvé, y compris l'amour...

Profitant d'une relâche au théâtre, il l'entraîne en Dordogne, où ils flânent, bras dessus, bras dessous. Passant devant une agence immobilière, elle découvre la photo d'un château à louer, qui lui fait irrésistiblement penser à celui de la Belle au Bois Dormant. Elle tombe amoureuse du paysage, des collines environnantes, et décide de visiter, pour le plaisir des yeux, ce domaine qui date du Moyen Âge et semble à l'abandon depuis plusieurs siècles. Au bout d'un chemin de terre visiblement très mal entretenu, elle découvre un bâtiment dont les murs sont dans le même état, et qui s'appelle Les Mirandes. Aucune porte n'étant fermée, elle entre et visite le salon, la cuisine, les chambres, les caves... Ou plus exactement ce qu'il en reste, c'est-à-dire pas grand-chose. Elle se dit, à cet instant précis, que c'est là qu'elle veut vivre, élever les enfants qu'elle mettra au monde. Elle l'avoue à son compagnon, qui sourit doucement et tendrement, sans prendre véritablement ses propos au sérieux. De retour au village, elle annonce son intention ferme et définitive de louer ce bâtiment. Parce que c'est comme ça, et pas autrement. Visiblement surpris, Jean Lion ne répond pas et la suit lorsqu'elle pousse, avec détermination, la porte de l'agence immobilière. Il la suit, plein d'admiration. Il se dit qu'il n'y avait qu'une femme comme elle sur terre, et qu'il a le privilège d'être à ses côtés.

Le 24 mai 1937, l'exposition universelle ouvre ses portes à Paris. Albert Lebrun, président de la République, se rend place du Trocadéro pour inaugurer ce qui n'est encore qu'un immense chantier. Les travaux ont pris un retard colossal, car les ouvriers ont décidé de respecter à la lettre la semaine des quarante heures, votée un an plus tôt par le gouvernement du Front Populaire. Les architectes, dépassés par les événements, affirment que si les pavillons de l'Allemagne, du Japon et de l'Italie sont terminés, rien ne sera complètement prêt avant un bon mois, à commencer par le fleuron de l'événement : le palais de Chaillot, de l'autre côté de la tour Eiffel. Joséphine fait partie des privilégiés qui visitent l'ensemble en avant-première. Jean Lion est auprès d'elle. À un moment, il prend discrètement sa main, et lui murmure à l'oreille : « Le lendemain de la clôture de l'exposition, je t'enlève et je t'épouse. »

Elle le regarde, surprise, et ne peut s'empêcher de rosir. Elle se retient pour ne pas fondre en larmes. Il y a tellement longtemps qu'elle rêve que la vedette s'efface au profit de la femme, voire de la mère de famille. Elle tient là une chance qu'elle ne doit surtout pas laisser passer. Et voilà que, dans ce décor somptueux, Jean Lion, plus charmeur que jamais, lui propose de réaliser le rêve qui la hante depuis toujours. De retour aux Folies-Bergère, elle n'en parle à personne, et surtout pas à Paul Derval. Elle échange d'ailleurs rarement des propos avec lui. Le spectacle affiche complet tous les soirs et, bondissant de la billetterie à son bureau, en passant par la salle où il salue des personnalités, il ne vient pratiquement jamais en coulisses.

Les représentations se terminent à la fin du mois de novembre 1937, en même temps qu'une exposition universelle dont les événements ont été les immenses pavillons allemand et soviétique, à droite et à gauche de la tour Eiffel, aussi impressionnants que menaçants. Pour Joséphine, l'instant n'est pas à l'inquiétude, mais au bonheur. Le 30 novembre, à la mairie de Crèvecœur-le-Grand, un village de l'Oise d'où le futur marié est originaire, elle épouse, dans l'intimité, Jean Lion, vingt-sept ans, de quatre ans son cadet. Grâce à cette union, elle est désormais, un peu plus encore, citoyenne française. Paul Derval a accepté d'être l'un de ses témoins. Au cours du dîner qui suit la cérémonie, elle lance, en souriant, au directeur des Folies-Bergère :

« C'est gentil d'être venu, alors que vous allez perdre Joséphine Baker. »

À quoi Derval, répond avec le même sourire :

« Mais Joséphine Baker ne peut pas se perdre... »

Elle hausse les épaules, persuadée qu'une nouvelle existence l'attend. Fermement décidée à quitter définitivement la scène, elle avoue à ses proches combien elle s'en réjouit. Elle affirme qu'elle veut six enfants, et ajoute son intention de les allaiter, les uns après les autres, et le plus longtemps possible. S'affichant régulièrement au bras de son mari dans les soirées mondaines, ou aux courses, elle part en voyage de noces à Megève, et annonce une tournée d'adieux, dont les dates coïncideront avec les déplacements « pour affaires » de l'homme de sa vie. Elle a eu tellement de mal à rencontrer un être si parfait qu'elle est décidée à s'en éloigner le moins souvent possible ! Tenant à honorer ce qu'elle pense être ses derniers engagements, elle se produit à Londres, Bâle, Zurich, Varsovie, Londres, et tricote dans les avions en rêvant de l'enfant qu'elle va mettre au monde... Car elle est enfin enceinte ! Les yeux brillants, elle parle déjà de sa vie future, loin de la scène, avec une marmaille à ses pieds. Mais Jean Lion ne partage pas son optimisme béat, persuadé qu'il est que le démon de la scène va forcément revenir un jour ou l'autre, avant ou après la naissance du bébé. En un mot, qu'elle ne parviendra pas à résister à l'appel des sunlights.

La question ne va finalement pas se poser. Joséphine fait une fausse couche. Le choc est plus fort moralement que physiquement. Elle rêvait déjà du petit lit, des bavoirs, des biberons, et tout cela est fini. Pour quelque temps et peut-être pour toujours, lui avouent ses médecins. Ange, soudain privé d'ailes ; oiseau, arrêté en plein vol. En effet, son corps de danseuse, celui tant vanté par Colette, ne semble pas pouvoir laisser assez de place à un petit être afin qu'il y grandisse et s'y développe correctement.

L'amour qu'elle portait à Jean Lion se brise en même temps, du jour au lendemain. Au fond d'elle-même, elle n'éprouvait plus la passion des premiers mois, trouvait son mari un peu trop envahissant, et quelque peu macho, mais continuait, comme si de rien n'était. Pour l'enfant, tout simplement. Mais là, tout est brisé. Elle range au fond d'un placard les vêtements qu'elle avait déjà tricotés, et ferme la porte à double tour. Elle ne songe plus à ses adieux. Elle n'aspire qu'à une seule chose : repartir en tournée, le plus vite possible et très loin de Paris... Afin d'oublier ce cauchemar... La voici à Rome, puis à Stockholm, à Madrid. Seule... Chaque représentation est un triomphe, mais aussi un calvaire. Elle demande le divorce. Nous sommes le 1er février 1939. On murmure en France que le monde est au bord de la guerre. Elle l'ignore ou elle veut l'ignorer. Elle traverse une autre épreuve, personnelle, intérieure...

L'honorable correspondante

La soif de vivre est revenue. Une série de triomphes au Brésil, entre mars et juin 1939, a remonté le moral de Joséphine, au plus bas après sa fausse couche et sa rupture. À son retour en France, au mois de juillet, après avoir été accueillie à la gare Saint-Lazare par des gerbes de fleurs et des fans en délire, elle annonce sa rentrée prochaine au Casino de Paris, dans une revue mise en scène par Henri Varna, le maître des lieux. Elle promet des surprises, en particulier grâce à une danse inconnue en France, la samba, qu'elle a découverte en Amérique du Sud, et qu'elle qualifie d'« extravagante ». La première est fixée au début du mois de septembre.

La déclaration de guerre et la mobilisation générale vont bouleverser ce projet. D'un commun accord, Henri Varna et Joséphine Baker décident de renoncer aux fastes du projet initial et de proposer, à la place, une série de chansons simplement mises en scène, histoire d'apporter un peu de joie aux Parisiens, pris dans la tourmente, et aux courageux soldats, pendant leurs périodes de permission. Dans la foulée, l'idée vient à Varna d'engager Maurice Chevalier, de retour des États-Unis où il est devenu une star hollywoodienne. Les deux artistes se sont rencontrés un an plus tôt, en devenant, elle, la marraine, lui, le parrain, d'un bébé éléphant baptisé Auguste, né dans les coulisses du cirque Amar. Ils ont tellement sympathisé que, lorsque Varna propose à Joséphine de se produire en « vedette américaine » du récital donné par Maurice, elle accepte avec enthousiasme et ne se rebelle pas contre ce manque évident de galanterie…

La revue intitulée *Paris London* est présentée en avant-première, au début du mois d'octobre 1939, sur la ligne Maginot. Les soldats en uniforme, du colonel au deuxième classe, s'entassent au pied d'une petite scène et ovationnent Joséphine, obligée, au bout d'une heure de représentation, de bisser *J'ai deux amours* et *La Petite Tonkinoise*. En coulisses, Maurice Chevalier, surpris de cette popularité qu'il n'imaginait pas, attend son tour un peu plus longtemps qu'il ne le pensait.

La réaction du public est la même, au Casino de Paris, où les représentations débutent à la fin du mois d'octobre. À la fin de sa dernière chanson, *Mon cœur est un oiseau des îles*, les spectateurs lancent d'une seule voix un « merci » qui va droit au cœur de l'artiste. Cet enthousiasme donne petit à petit, à Joséphine, le désir d'aider un peu plus encore les citoyens d'une nation qui est désormais la sienne.

L'opportunité se produit quelques semaines plus tard, lorsqu'elle reçoit la visite d'un certain « M. Fox ». Derrière ce pseudonyme, se dissimule Jacques Abtey, un officier du « Deuxième Bureau », les services de renseignements français. Il connaît l'amour de Joséphine pour la France et se demande si elle ne pourrait pas rendre, discrètement, quelques services à son pays d'adoption. Dès leur première rencontre, elle adhère encore plus à cette idée que son interlocuteur n'était en droit de l'espérer. Elle avoue avoir une reconnaissance éternelle pour ce pays qui lui a permis de devenir ce qu'elle est : « Les Parisiens m'ont tout donné, en particulier leur cœur. Je leur ai donné le mien et suis prête à leur offrir aujourd'hui ma vie. » Quelques minutes suffisent pour conclure un accord naturellement discret. Au contact des grands de ce monde, mais aussi de diplomates et d'ambassadeurs, elle s'arrangera pour recueillir toutes sortes d'informations qu'elle promet de transmettre... Elle ne pose qu'une seule condition : que l'on ne dise jamais qu'elle joue les espionnes. Ce mot ne lui plaît pas. Elle préfère devenir une « honorable correspondante ».

La « Drôle de guerre » lui permet de commencer à recueillir des renseignements, au hasard de déjeuners, de soupers, de réceptions mondaines auxquels elle participe entre deux spectacles au Casino de Paris, le tournage d'un film intitulé *Fausse alerte*, et une série d'émissions de radio destinées à remonter le moral des soldats sur le front. Elle donne aussi une partie de son temps à son nouvel amour, Jean Menier, héritier d'une célèbre marque de chocolat à croquer.

Le 10 juin 1940, la débâcle de l'armée française l'oblige à mettre un terme aux représentations de *Paris London*. Le capitaine Abtey lui conseille de fuir, ne serait-ce que provisoirement, avant l'entrée des Allemands dans Paris. Elle n'aime pas se défiler face à l'adversité, mais cette fois-ci elle comprend qu'il n'y a pas d'autre solution. En tout cas pour l'instant. Elle vide sa maison, récupère ses animaux dont il n'est pas question de se séparer, jette dans des malles bijoux et souvenirs qui lui tiennent à cœur, et les glisse dans le coffre de la Packard offerte jadis par Jean Lion.

Le 11 juin, au petit matin, elle quitte la capitale en même temps que d'innombrables Parisiens pour qui l'exode est devenu, pensent-ils, la seule chance de survie. À l'inverse de celles et ceux qui ne savent pas où aller, elle a choisi sa destination, les Mirandes, qu'elle appelle depuis toujours les Milandes... Elle sait que là-bas elle ne risque rien et peut attendre sereinement l'occasion de servir son pays.

Un mois passe. À la mi-juillet, elle reçoit enfin un message de Jacques Abtey. Il s'est caché près d'Agen et cherche à renouer contact avec elle. Dès le lendemain, elle prend sa voiture et va rejoindre celui qui, discrétion oblige, se fait désormais passer pour un citoyen américain, M. Sanders. En quelques heures, il dresse avec précision l'état de la situation. Pétain a capitulé, mais tout n'est pas perdu grâce à de Gaulle, qui a lancé un appel depuis les studios de la BBC, à Londres. Joséphine ouvre des yeux encore plus ronds qu'au temps où elle dansait dans la *Revue Nègre*. Volontairement isolée, elle ignore tout de l'existence d'une Résistance. Enthousiaste comme à son habitude, elle décide, en quelques secondes, qu'il est de son devoir de rejoindre Londres le plus vite possible, afin de soutenir les Alliés. Son interlocuteur calme son ardeur. Traverser la Manche n'est pas aussi simple qu'on pourrait l'imaginer a priori et, de l'autre côté, on n'est pas encore suffisamment organisé pour recevoir et analyser des informations, et encore moins pour accueillir celles et ceux, aussi célèbres soient-ils, qui ont choisi de se rallier à de Gaulle.

Joséphine accepte de patienter, ce qui ne correspond pas véritablement à son tempérament. Elle réintègre donc les Milandes, d'où elle promet de ne pas bouger, en attendant des nouvelles de son « supérieur hiérarchique ». Elles lui parviennent enfin au mois d'octobre 1940. Les dirigeants de la Résistance à Londres ont donné leur feu vert à Abtey pour qu'il les rejoigne, en compagnie de Joséphine. La stratégie est simple. La chanteuse accepte une tournée en Amérique du Sud et engage Abtey, rebaptisé Jacques-François Hébert, comme chorégraphe. Les autres membres de la troupe seront recrutés sur place... Ces spectacles n'existent pas bien sûr, mais ce prétexte permet de quitter la France en toute tranquillité. Il est prévu que les deux complices prennent la direction de Lisbonne, puis celle de l'Angleterre plutôt que de l'Amérique.

Ils se rendent à Vichy où l'on remet très discrètement à Joséphine les informations les plus précises possibles sur les positions de l'armée allemande en France, sous forme de rapports et de clichés. Certains sont épinglés sous l'ample robe de Joséphine, d'autres se trouvent transcrits à l'encre sympathique sur les partitions des chansons qui figurent à son programme. Le risque d'être repérée, voire dénoncée, existe, mais Joséphine s'en moque. Elle mesure les risques encourus, mais est prête à tout — avec sourire, et conviction, et détermination. De toute façon, elle a connu le pire, et ne craint plus rien.

Munis d'un visa en règle, Joséphine, emmitouflée dans un grand manteau, et le capitaine Abtey, portant lunettes et fausse moustache, montent, à Toulouse, dans un train en partance pour Madrid. Les contrôles se déroulent parfaitement. Les agents et douaniers reconnaissent la chanteuse et lui demandent des autographes plutôt que ses papiers. Elle s'exécute avec un sourire qui n'a d'égal qu'un calme qui lui vaut l'admiration silencieuse de son complice. Une fois arrivés en Espagne, ils embarquent dans un avion pour Lisbonne, sans être non plus inquiétés. Elle s'installe dans un hôtel et, tandis qu'Abtey adresse renseignements, rapports et clichés secrets par des filières connues de lui seul, elle rencontre des journalistes et répond en abondance à toutes les questions sur ses projets.

Huit jours plus tard, Abtey reçoit de Londres un message aussi concis que précis : les informations transmises seront extrêmement utiles à la Résistance. En revanche, contrairement à ce qui a été décidé à l'origine, la venue de Joséphine et de son « chorégraphe » à Londres n'est plus souhaitable, ni souhaitée. Elle sera beaucoup plus utile aux Alliés en effectuant, si elle est d'accord, d'autres missions en France ou ailleurs. Ce qu'elle accepte, sans la moindre discussion. Soucieuse de se trouver une bonne couverture, afin de continuer à travailler pour ses amis, elle se rend à Marseille. Elle a appris que l'Opéra est en mal de programmation et elle propose au directeur de reprendre *La Créole*. Après avoir vérifié qu'il ne s'agit pas d'une mauvaise blague, et avant d'être remis de sa surprise, il donne son feu vert. Les représentations débutent le 15 décembre et, une fois encore, c'est un triomphe.

Le 15 janvier 1941, des informations alarmantes parviennent de Londres. La zone libre a toutes les chances de devenir occupée dans les jours à venir, et il est urgent que Joséphine quitte la France pour l'Algérie. Abtey transmet la nouvelle à l'intéressée qui, dans l'heure, prend les dispositions nécessaires. Elle annonce au directeur de l'Opéra que les deux dernières représentations sont annulées sur l'ordre d'un médecin qui a découvert une tache sur l'un de ses poumons. Elle promet un certificat médical pour confirmer ce diagnostic. Elle demande ensuite qu'on aille chercher aux Milandes les animaux dont elle n'imagine pas se séparer. C'est ainsi que, dès le lendemain, des cages où se déchaînent chiens et singes, voire trottinent des souris blanches, envahissent sa loge. Enfin, comme prévu, elle s'embarque à bord d'un bateau pour l'Afrique, en toute simplicité. Vingt-huit malles, de toutes tailles et de toutes formes, la suivent tant bien que mal dans sa cabine. Qui pourrait lui en tenir rigueur ? Personne. Après tout, n'est-elle pas la grande Joséphine Baker…

Dix-neuf mois d'hôpital

La traversée de la Méditerranée a été difficile et le débarquement en Algérie se révèle des plus problématiques. Dès son arrivée à Alger, à l'hôtel Aletti, Joséphine est accueillie par un policier qui lui remet une assignation, en bonne et due forme, que lui a adressée le directeur de l'Opéra de Marseille. Il lui demande un dédommagement financier très important, quatre cent mille francs, soit l'équivalent de cent cinquante mille euros d'aujourd'hui, pour avoir abandonné « de manière scandaleuse » les représentations de *La Créole*. Joséphine manque de s'évanouir et entre dans une rage folle. Elle s'attendait à tout sauf à cette réaction décevante de la part d'un homme auquel elle avait fait, en se produisant chez lui, un cadeau qui n'avait pas de prix, et auquel elle avait transmis, avant son départ, un certificat médical parfaitement authentifié. Elle déchire le papier en mille morceaux en précisant que cela lui évitera d'aller « le faire bouffer à ce mal élevé, bien que ce ne soit pas l'envie qui lui en manque ». Qu'on vienne la chercher, et elle promet de faire un scandale. Le fonctionnaire, conscient d'avoir accompli sa mission et sachant que le reste ne le regarde pas, s'éclipse discrètement, pendant que Joséphine fait face à un problème urgent. Le réceptionniste, n'admettant pas la présence d'animaux dans le hall et se plaignant des aboiements des chiens et des grognements poussés par les singes, exige que ceux-ci disparaissent au plus vite de ce lieu fréquenté par nombre de clients que tout ce tapage pourrait faire fuir. Joséphine donne donc des ordres pour que sa ménagerie soit dirigée vers sa chambre, sans attendre, et retrouve le sourire pour accueillir un militaire visiblement haut gradé, à en juger par le nombre de barrettes qu'elle remarque sur ses épaulettes.

L'homme s'incline et se présente. Capitaine d'aviation, mais aussi correspondant à Alger du *Théâtre des Ailes*, créé à la base de Salon-de-Provence par Charles Trenet, il demande à Joséphine de participer, bénévolement bien entendu, à un gala organisé dans trois jours, au profit des soldats. Elle est prête à donner son feu vert, en dépit de l'opposition formelle de « M. Hébert », qui la juge beaucoup trop fatiguée par toutes ces dernières semaines et la traversée pour remonter immédiatement sur scène.

C'est mal la connaître, car c'est exactement ce qu'il faut lui dire pour faire disparaître ses hésitations. Elle accepte, par principe et, surtout, parce qu'elle estime que personne n'a d'ordre, voire de conseil à lui donner, à commencer par un homme, aussi estimable soit-il, qui n'est pas un professionnel du spectacle. Celui qui se fait désormais appeler « M. Hébert » s'incline et décide de partir sans tarder pour Casablanca où des tâches urgentes l'attendent. Il doit en effet obtenir, de la part du consul du Portugal, les visas nécessaires pour une tournée qui devrait débuter à Lisbonne...

Le gala se déroule sans le moindre incident, et Joséphine, nullement épuisée par ses multiples activités, se rend ensuite à Casablanca, où, après vingt-quatre heures passées dans un wagon peu confortable et non chauffé, elle doit faire face à une mauvaise nouvelle : le consul accepte en effet de lui accorder le visa lui permettant de se rendre au Portugal, mais refuse de signer celui du maître de ballets. Joséphine insiste, sourit, et se lamente. Il lui est impossible d'honorer ses engagements sans le secours de ce régisseur secrétaire si précieux. Elle sait bien que c'est peine perdue. Quand elle retrouve Jacques Abtey, elle s'inquiète. Quelqu'un aurait-il des soupçons sur ses véritables activités ? Se sent-il menacé ? Il sourit et la rassure. D'après ses propres réseaux, ce changement de programme se trouve lié à d'autres missions auxquelles il est appelé auprès de l'Intelligence Service.

C'est ainsi qu'elle choisit de partir seule avec, dans ses valises, des partitions sur lesquelles figurent, transcrits à l'encre sympathique, les plans de la plupart des installations allemandes dans le sud-ouest de la France. Du pain bénit pour la Résistance qui attend l'arrivée de Joséphine au Portugal pour récupérer ces éléments. Après une étape à Tanger, elle arrive au Portugal où elle chante puis confie ses partitions à un correspondant qui dispose d'un signe de reconnaissance convenu.

Revenue ensuite au Maroc, elle s'installe, avec ses chers animaux, dans une suite de la Mamounia, un palace de Marrakech, où elle a prévu de prendre quelques jours de repos bien mérités. Mais là, elle commence à tousser un peu trop souvent à son goût et à se sentir extrêmement fatiguée ; elle met finalement tout cela sur le compte de déplacements épuisants et d'un changement permanent de climat. Elle retrouve enfin la forme et choisit de rester dans les environs en posant ses valises dans une maison discrète qu'on lui a aimablement prêtée. C'est là qu'un Marocain, qui travaille pour les Alliés, lui rend visite pour lui communiquer une information aussi secrète qu'importante : les Allemands se prépareraient à envahir le Maroc. Ce sont les ordres qui auraient été communiqués aux troupes stationnées en Espagne. Il est urgent de le vérifier, et celle qui peut réussir cette mission, c'est Joséphine, et personne d'autre. C'est ainsi qu'elle annonce, dès le lendemain, son intention de chanter en Espagne, et prépare un voyage qui va la conduire successivement à Madrid, Barcelone et Séville.

Une fois sur place, elle chante, mais prend aussi des rendez-vous « professionnels », accepte des soirées mondaines où des ambassadeurs, des fonctionnaires et des hommes bien informés se hâtent de lui raconter tout ce qui se passe. Elle les écoute, affectant une grande naïveté et enregistre dans sa mémoire le plus grand nombre possible d'éléments qu'on lui confie sans la moindre malice. Elle les note dès son retour à l'hôtel et les agrafe discrètement à son corsage, à l'heure où elle choisit de retourner au Maroc. Une fois encore, les douaniers la saluent, sans rien lui demander d'autre qu'un autographe, et, de retour à Casablanca, elle transmet ainsi des informations cruciales, immédiatement envoyées à Washington, à la Maison Blanche. Puis, elle retourne à Marrakech, dans la maison discrète, toujours mise à sa disposition.

Un matin, encore épuisée, elle se rend chez un gynécologue qui lui fait passer un examen particulièrement éprouvant, mais qui ne révèle rien d'anormal. Cependant, quelque temps plus tard, en pleine nuit, elle se réveille transpirante, ruisselante. Sa température atteint quarante degrés. Souffrant de violentes douleurs au ventre, elle appelle un médecin. Quelques secondes d'examen suffisent pour diagnostiquer une péritonite aiguë, consécutive à la fatigue, mais aussi à un mauvais traitement médical prescrit lors de sa visite chez le gynécologue.

Le médecin lui fait une piqûre, indispensable pour calmer une douleur devenue insoutenable. L'état de la malade lui semble suffisamment grave pour qu'il décide son transport immédiat dans un hôpital, à Casablanca. À Marrakech, il est en effet impossible de procéder aux soins nécessaires. Jacques Abtey, miraculeusement revenu quelques jours plus tôt, intervient pour trouver une ambulance. Cela semble mission impossible et ça l'est réellement. Avec l'aide d'un médecin, il finit par se faire prêter une voiture suffisamment grande et confortable pour que Joséphine, allongée et emmitouflée dans une couverture, supporte les cinq cents kilomètres qui la séparent de la chambre qui est déjà retenue, dans un hôpital de Casablanca.

Ayant perdu conscience pendant son transport à l'hôpital, elle est opérée dès son arrivée, délire pendant plusieurs nuits, avant de se réveiller enfin. Constatant que son coma se prolongeait, ses médecins étaient devenus très inquiets. Très vite, ils sont rassurés, et même surpris, car la malade retrouve ses forces beaucoup plus vite qu'ils ne l'avaient imaginé. Elle passe alors ses journées à lire des biographies, en particulier un gros ouvrage consacré à Napoléon, rend visite aux autres malades pour les faire sourire, leur apporter son soutien ou leur remonter le moral, et reçoit régulièrement des visites. Des Américains qui viennent lui tenir compagnie croisent ainsi dans la plus grande discrétion, et par le plus étonnant des hasards, des dirigeants marocains, visiblement inquiets des rumeurs qui continuent à se propager sur les intentions des nazis d'envahir le pays. On en profite en même temps pour faire le point sur l'arrivée envisageable, et peut-être même envisagée, des troupes américaines en Afrique du Nord, bien qu'elle semble encore bien lointaine. Nous sommes au mois de juin 1941.

Avec l'accord des médecins, Joséphine quitte l'hôpital, et prend le train pour Rabat. Il est convenu qu'elle s'accorde une courte convalescence avant de reprendre son métier. En dépit des événements, elle est très demandée à travers l'Europe. Une semaine après sa sortie de la clinique, elle fait une grave rechute. Victime de fortes fièvres, elle est à nouveau hospitalisée. Cette fois-ci, son moral est au plus bas. La jeune femme ne s'attendait visiblement pas à ce nouveau coup du sort. Mais elle ne s'effondre pas pour autant, et décide de se battre contre la mort. En réalité, c'est sans doute la première fois qu'elle prend conscience de sa mort, c'est-à-dire en fait de son existence. Aussi étrange que cela puisse paraître, elle sait enfin qu'elle existe, qu'elle est une personne unique, qui a une vie autonome et qui peut donc mourir du jour au lendemain.

À un retour sur la table d'opération, les médecins préfèrent un traitement fort à base de sulfamides, car ils se demandent si, affaibli comme il l'est, son cœur supporterait une nouvelle intervention. Bien que les médicaments se révèlent suffisamment efficaces pour que la température redevienne normale, l'état de fatigue perdure.

La convalescence va se prolonger. Six mois durant, Joséphine remonte physiquement la pente, mais très lentement, et le moral est atteint. Elle ne décolère pas, ne cesse de penser à son public, mais aussi au travail d'« honorable correspondante » qu'elle pourrait fournir si elle se trouvait en pleine possession de ses moyens.

Au début du printemps 1942, Joséphine semble aller beaucoup mieux. Pour la première fois depuis des semaines, ses médecins lui autorisent une promenade. Souriante, elle marche à petits pas dans le jardin, avant de s'effondrer à nouveau. La fièvre revient et ses médecins constatent, non sans angoisse, que la péritonite s'aggrave encore. Certains affirment que Joséphine risque même une septicémie. Elle se retrouve couchée pendant deux longues semaines, au bord de la dépression nerveuse, mutique, souffrant visiblement beaucoup, même si elle n'en parle à personne... Trois semaines plus tard, la voilà atteinte d'une occlusion intestinale. Fermement décidée à guérir, elle continue de se battre plus que jamais contre un mal qu'elle n'accepte pas.

Et l'anniversaire qu'elle célèbre alors est un bien triste anniversaire : celui de sa première année passée à l'hôpital ! Ce jour-là, elle est d'autant moins à la fête que les médecins lui annoncent, sans ménagement, qu'en dépit de leurs efforts et de ceux, exceptionnels, qu'elle déploie, l'opération est devenue la seule chance pour leur illustre patiente de retrouver un jour une vie normale. Celle-ci a lieu à la fin du mois de juin et dure deux heures. Tout se passe tellement bien que les médecins lui annoncent officiellement, pour la première fois, qu'elle est véritablement sauvée. Joséphine sourit doucement, mais tristement. Cette bonne nouvelle est aussitôt suivie d'une plus désagréable : la convalescence va durer environ trois mois... Sauf complications, bien entendu... Le temps pour la plaie ouverte dans le ventre de cicatriser. Joséphine est déçue, voire désespérée, mais elle ronge son frein et accepte son destin. Peut-être est-elle en train de payer tous les succès et tous les bonheurs que le destin lui a offerts depuis près de vingt ans... Dix jours plus tard, on frise à nouveau le drame. En pleine nuit, elle est victime d'une embolie : « Il faut une sacrée vitalité pour résister à ça », avoue, le lendemain, un médecin à une infirmière...

À l'hôpital, les visites se font rares. Personne n'a de nouvelles de Joséphine et la plupart des gens ignorent son année de souffrance. Pour sortir de son isolement, elle joue avec un chat errant qu'elle a découvert quelques mois plus tôt, qu'elle a adopté, et à qui elle a tricoté un manteau. Surnommé « Sac à puces », il est théoriquement interdit de séjour dans une chambre d'hôpital. Mais personne n'ose le signifier à Joséphine... Jacques Abtey vient également de temps à autre, très discrètement ; une nouvelle fois dénoncé, il a dû, une nouvelle fois, changer d'identité. Il lui annonce que, selon des informations recueillies de source sûre, les Alliés progressent à grands pas, et l'arrivée imminente des troupes américaines en Afrique du Nord.

Elle se produit le 8 novembre 1942. Entendant depuis sa chambre d'hôpital les avions américains, Joséphine se précipite sur le balcon, au milieu des bombes et des éclats d'obus, au risque de sa vie. Elle observe, de loin, les tirs de défense d'une armée française dévouée à Pétain. L'entrée officielle des troupes alliées à Casablanca est finalement saluée par une foule en liesse.

Joséphine, qui a obtenu, non sans mal, le droit de faire le tour de la ville en ambulance, n'est pas rassurée pour autant. Elle sait que le conflit est loin d'être terminé, même si, pour la première fois, elle se dit que la victoire des Alliés semble en bonne voie. Elle craint par-dessus tout une recrudescence du racisme qui est en train de s'installer. Car, dans les conversations avec ceux qui viennent lui rendre visite, elle a découvert, non sans surprise, que le racisme demeure d'une brûlante actualité. Des soldats américains blancs, à la sortie d'un bar, un peu éméchés après avoir fêté la victoire, ont traité leurs collègues de « niggers » et provoqué une bagarre générale dont les autorités locales se seraient bien passé.

Le 1er décembre, après dix-neuf mois d'hospitalisation, Joséphine quitte enfin l'hôpital. Apparemment, comme disent les médecins et Jacques Abtey, elle est à nouveau « bonne pour le service ». Elle prend le train pour Marrakech et s'installe à la Mamounia, pleine d'espoir. Cinq jours à peine après son arrivée, la fièvre revient.

Cette fois-ci, c'est une paratyphoïde qui la frappe. Son opération et les différents traitements qu'elle a subis depuis tant de mois y sont sans doute pour beaucoup. Une fois la nouvelle digérée, elle accepte de suivre un traitement qui doit la remettre sur pied en quelques mois. Elle a d'autant plus envie de s'en sortir qu'elle vient d'apprendre que des journaux américains ont annoncé sa mort. Elle découvre même qu'un quotidien publié à Chicago parle de son décès à Casablanca, capitale du Portugal et que son « mari italien », Pépino, se trouvait à ses côtés. Elle éclate de rire, et, retrouvant ses forces, accepte un entretien avec un journaliste de New York, à qui elle déclare, avec un grand sourire :

« Je suis encore bien vivante. Sachez que je suis beaucoup trop occupée pour mourir maintenant... »

Sa rencontre avec de Gaulle

Au début de l'année 1943, Joséphine Baker poursuit sa convalescence dans des conditions d'hébergement exceptionnelles. Le sultan Mohammed lui offre l'hospitalité dans son palais, et lui donne une chambre et un salon dans une des ailes où elle passe de longs moments à méditer, à se reposer quand elle ne se promène pas dans le jardin, marchant pendant des heures afin de retrouver totalement l'usage de ses jambes ankylosées durant ces longs mois passés au fond d'un lit. Elle suit également avec de plus en plus d'attention l'évolution des combats entre les Alliés et les Allemands, ne dissimulant pas, en particulier, son admiration pour le général de Gaulle, le seul capable, à ses yeux, de sauver la France, puis de l'aider à se relever. Elle le considère, à ce titre, comme le seul véritable chef de la France : « Sans son appel, la France se serait enfoncée dans la nuit, aime-t-elle répéter. Et s'il n'avait pas été têtu, nous avions toutes les chances de nous retrouver dans un camp de concentration. »

Quand de Gaulle vient à Casablanca pour rencontrer Franklin Roosevelt, Winston Churchill et le général Giraud, elle applaudit des deux mains. Elle sait que, même si le Général ne fait que passer et repart presque aussitôt pour Londres, il a symboliquement, par ce geste, ancré la présence de la France Libre en Afrique du Nord.

Cette bonne nouvelle lui donne un tel souffle d'espoir qu'elle accepte de participer, quelques jours après, à une soirée donnée au Liberty Club de Casablanca, pour fêter l'inauguration d'un foyer réservé à des soldats américains à la peau noire. Ses médecins, apprenant la nouvelle, lui ont demandé si elle était devenue folle, si elle était consciente, dans son état, du risque qu'elle prenait en remontant sur scène. Elle n'a même pas répondu. Elle sait parfaitement qu'ils ont raison. En se regardant dans une glace, elle a constaté que son visage était plus fin que jamais, et elle se demande si ses jambes, d'une maigreur absolue, vont lui permettre de tenir debout pendant les trois chansons qu'elle a accepté d'interpréter, simplement accompagnée par un pianiste : un air de Gershwin, une berceuse de son pays et, bien entendu, l'incontournable *J'ai deux amours*.

Tout se passe finalement très bien. Dès son arrivée, les photographes et journalistes se précipitent vers elle. Elle les arrête d'un geste et, le sourire aux lèvres, pose pendant quelques instants, avant de se diriger vers les coulisses. Au moment de franchir la porte qui mène à la loge qui lui a été réservée, elle lance simplement :

« Voyez, messieurs, on ne pourra plus dire que je suis morte. Ou à moitié morte... »

Son arrivée sur scène est saluée par une ovation. Chacune de ses chansons reçoit un accueil identique. La scène agit comme une drogue. À sa grande surprise, elle retrouve ses réflexes de jadis, le bonheur de chanter, et d'esquisser modestement quelques pas. Plus les minutes passent, plus elle se sent bien, heureuse. Plus elle se sent revivre. Elle interrompt, d'un signe, le pianiste, au moment où, après avoir replié la partition de Gershwin, il joue les premières notes de *J'ai deux amours* et dit, en souriant :

« Je sais mieux que personne combien l'âme américaine est belle. Je le sais d'autant mieux que je viens de là-bas. Mais désormais, je suis française. Et, pour moi, la France est le pays de la liberté. »

À l'issue d'un mini-tour de chant qu'elle prolongerait volontiers, elle quitte le plateau sous les ovations et les rappels, après avoir promis de revenir très vite. Elle se dirige vers sa loge, s'y enferme et se jette sur le canapé. Elle a la tête qui tourne, après avoir donné le maximum d'elle-même. Mais elle sait qu'elle a gagné son combat pour la vie, car le malheur est désormais derrière elle...

Dès le lendemain, elle reprend la route de Marrakech, plus décidée que jamais à servir son pays d'adoption. Elle prend aussitôt contact avec les responsables du Théâtre aux Armées et annonce qu'elle est à nouveau à leur disposition pour aller soutenir le moral des soldats. Elle est un soldat de la France Libre, désire poursuivre la guerre et continuer, à sa manière, de servir son pays. Elle veut aussi profiter de l'occasion pour montrer que, sous les drapeaux alliés, les Noirs et les Blancs sont résolument égaux : « S'il existe encore, dans ces circonstances, la moindre forme de racisme, ce n'est pas la peine de faire la guerre à Hitler », a-t-elle l'habitude de lancer, lorsqu'elle aborde ce sujet.

Bien entendu, elle n'a pas parlé de cette démarche à son entourage, et encore moins à ses médecins. Ils lui interdiraient tout déplacement et seraient même capables de la séquestrer pour l'empêcher d'aller chanter et danser. Car elle veut redevenir Joséphine, et pas seulement une chanteuse, comme tant d'autres, qui ne fait que susurrer devant son micro, en ajoutant quelques gestes et des sourires de circonstance. Elle sait, au fond d'elle-même, qu'elle doit y parvenir et que sa guérison définitive passe par un effort moral et physique que certains jugeront démesuré, parce qu'ils n'imaginent pas la force qu'elle conserve quelque part cachée au fond d'elle-même depuis tant de mois, et qui n'attendait que cet instant pour remonter à la surface.

Le soir même, tout est réglé. Joséphine accepte sans discuter les conditions qui lui ont été proposées : elle travaillera gratuitement, mais tous les frais de transport, de nourriture et d'hébergement, parfois dans une caserne, seront pris en charge par l'armée. Dès le lendemain matin, elle écrit à celles et ceux avec qui elle compte travailler et leur demande de prendre contact avec des responsables du Théâtre aux Armées, afin qu'on leur indique la marche à suivre pour la rejoindre, aux frais des militaires bien sûr, dans la maison de Marrakech, où doivent se dérouler les répétitions. Elle part ensuite à la recherche des morceaux de tissu indispensables à la réalisation de robes de scène, et trouve son bonheur, non sans mal, restrictions obligent, du côté du souk de Marrakech…

La rentrée officielle de Joséphine se déroule à Casablanca, sur la scène du cinéma Rialto, l'une des plus belles salles de la ville. Dès l'annonce de son retour, très attendu, la chanteuse a prévenu que les bénéfices de la soirée seraient intégralement versés à la Croix-Rouge française. Elle a aussi demandé que l'on n'hésite pas à faire preuve de générosité pour offrir des fonds à ceux qui, à leur manière, consacrent leur temps à aider les blessés et les prisonniers.

Le soir de cette « première », le cœur de Joséphine bat encore plus fort que d'habitude. Elle a en effet profité de ce retour pour adopter une nouvelle formule de spectacle : chaque fois qu'elle change de tenue, et cela se produit à plusieurs reprises pendant l'heure où elle est sur scène, l'orchestre joue un morceau rappelant le rythme et le pays qu'elle s'apprête à évoquer : une samba pour préparer des chansons brésiliennes, une mélodie venue d'Asie pour annoncer *La Petite Tonkinoise*. À la fin de la soirée, la foule est debout et Joséphine transfigurée : elle semble avoir rajeuni de vingt ans…

Le spectacle continue en Algérie : d'Alger à Oran en passant par Mostaganem, à raison de plusieurs représentations par jour dans des théâtres, sur des scènes de fortune, parfois dans des granges, et même en plein air, au milieu d'un champ. Il arrive souvent qu'une alerte, prévenant de l'imminence d'un bombardement allemand, interrompe Joséphine au milieu d'une chanson. Sur l'insistance des militaires présents, elle se plaque au sol, gagne un abri, puis revient devant le public, avec le sourire, comme si rien ne s'était passé. Elle joue régulièrement les prolongations, avant et après le spectacle, en rendant visite à la population pour offrir des cigarettes aux parents, des bonbons aux enfants, et des autographes à tout le monde. Les populations les plus hostiles à l'antiracisme ne peuvent pas résister à son charme.

Au début de l'été, en dépit de sa santé qui, aux dires des médecins, demeure vacillante, elle décide de s'envoler pour le Moyen-Orient. Elle veut chanter en Égypte et en Libye, dans des camps occupés par des Britanniques. Les autorités lui trouvent une place à bord d'un bombardier anglais et, sous une chaleur accablante, elle se rend à Beyrouth, puis à Damas, pour porter sa bonne parole, tout en fredonnant des mélodies familières jusqu'aux oreilles de ces pays lointains. Elle en profite pour glaner, aussi discrètement que d'habitude, des informations sur les avancées des troupes dans ces régions, et les groupes de résistants qui défendent, parfois avec bien des difficultés, l'image de la France et des Alliés. De retour à Alger, elle s'empresse de transmettre les renseignements recueillis à son correspondant habituel, Jacques Abtey.

Tandis que s'est constitué, à Alger, le Comité français de la libération nationale (CFLN), sous la double présidence du général de Gaulle et du général Giraud, Joséphine veut donner dans cette ville libre le gala qui, depuis des mois, lui tient tellement à cœur : la première soirée de la France Libre. Si elle l'a baptisée ainsi, alors qu'il s'agissait, au départ, d'un récital comme les autres, c'est parce que le général de Gaulle a fait savoir qu'il serait présent, avec son épouse. Lorsqu'elle l'a appris, son cœur de patriote et de soldat a battu un peu plus fort encore : elle ne pouvait rêver meilleur symbole et plus beau cadeau.

Pendant les jours qui précèdent cet événement, elle lance des idées, multiplie les initiatives, afin que ces trois heures de spectacle demeurent longtemps gravées dans les cœurs de celles et ceux qui vont y assister. Plus que jamais décidée à combattre le racisme par tous les moyens qui lui sont propres, elle décide d'engager, pour la première partie, une troupe de musiciens noirs, qui évoqueront les grandes heures du jazz américain. Et, afin de mieux montrer encore son amour pour la France, elle lance l'idée d'un drapeau tricolore, avec une croix de Lorraine, qui, au final, occuperait toute la hauteur de la scène, soit six mètres. C'est ainsi qu'en quelques heures on trouve d'immenses pièces de tissu bleu, blanc et rouge, ensuite rassemblées par des religieuses, dans un couvent voisin du théâtre.

La première partie de la soirée est un immense succès. Depuis les coulisses, Joséphine assiste au triomphe des musiciens qu'elle a engagés. Juste avant l'entracte, avant de regagner sa loge pour se préparer, elle voit arriver vers elle un homme en uniforme qui la salue réglementairement avant de se présenter. Il s'agit de l'officier d'ordonnance du Général qui lui demande si elle accepterait de se rendre dans la loge d'honneur, où de Gaulle serait heureux de la saluer. Le souffle coupé, ayant visiblement du mal à retenir son émotion, elle bredouille quelques mots de remerciement et suit le gradé vers une entrée discrète où elle serre la main de celui dont elle a découvert l'existence au lendemain du 18 juin 1940, et qu'elle admire depuis plus que tout. Le Général lui propose de s'asseoir, échange quelques paroles polies auxquelles elle répond presque par réflexe. Elle est sur un petit nuage et savoure pleinement cet instant qui ne se reproduira sans doute jamais. Avant de la laisser repartir parce qu'il sait qu'elle doit se préparer, il lui remet, au nom de la France Libre, une petite croix de Lorraine. Il précise qu'il veut ainsi la remercier symboliquement pour son action au service de ce qui est devenu son pays. Joséphine est véritablement bouleversée. La gorge serrée, elle a bien du mal à prononcer quelques paroles de remerciement. Elle parvient à articuler quelques borborygmes, puis regagne les coulisses, où elle montre à la troupe le bijou que le Général vient de lui remettre. À ses yeux, il est désormais plus précieux que tous les diamants, pierres et autres joyaux offerts par l'un ou l'autre des hommes de sa vie. Au fond d'elle-même, elle se dit aussi que c'est le seul auquel elle tienne réellement, car il correspond à ce qu'elle a véritablement de plus important dans le cœur.

Quelques instants plus tard, elle entre en scène et chante ses plus grandes chansons, reprises d'un seul chœur par un public aux anges, où quelques civils se mêlent aux militaires en grand uniforme. Après *La Petite Tonkinoise*, *J'ai deux amours* et *Sous le ciel d'Afrique*, elle fait un geste et l'immense drapeau tricolore se déplie du haut en bas. Et tandis que l'orchestre commence à jouer les premières mesures de *La Marseillaise*, le public se lève et se met au garde-à-vous. Joséphine regarde tous ces visages graves et ne parvient pas à retenir son émotion. Des larmes coulent de son visage, tandis qu'après l'ultime note de l'hymne national, tout le monde reste debout pour l'ovationner.

La tournée infernale

La tournée ne fait que débuter. Joséphine a en effet décidé de porter la bonne parole, ou plutôt ses bonnes paroles, dans des villes, des villages ou des casernes où elle peut offrir un peu de réconfort. Et les demandes ne manquent pas. Elle les étudie toutes et affirme à ses supérieurs hiérarchiques qu'elle rêverait de les satisfaire toutes, sans la moindre exception. Matériellement et surtout physiquement, c'est absolument impossible. Elle se donne tellement qu'elle n'a pas repris le moindre kilo depuis sa maladie et sa maigreur inquiète son entourage. Cela ne risque pas de s'arranger puisqu'elle n'écoute absolument pas les recommandations que certains tentent de lui prodiguer. À certaines remarques, elle répond par des colères aussi brèves que violentes. Pire encore : afin d'offrir un maximum de spectacles, elle passe des nuits glaciales, blottie dans une couverture ou une capote, au fond d'une jeep, conduite par un militaire qui la transporte d'une ville à l'autre où on l'attend pour chanter vers dix heures du matin, juste avant que le soleil soit au plus haut et qu'il devienne impossible de monter sur un podium sans risquer l'insolation. Ce qui lui permet, vers quinze heures, puis à vingt heures, de récidiver dans d'autres campements. Parfois, elle n'est pas seule sur scène. Des Tahitiens intégrés dans le bataillon du Pacifique sont ainsi détachés de leur corps d'origine pour assurer, de temps à autre, la première partie du spectacle avec des chants et des danses de leur île natale.

Ces tournées de fortune se poursuivent bien au-delà de l'Algérie et du Maroc. En septembre 1943, après Tripoli, Tobrouk, voici la petite troupe sur la route d'Alexandrie. Au détour d'un virage, une jeep fait une embardée et se retourne. Le passager meurt sur le coup. Joséphine, installée dans la voiture qui se trouve à quelques dizaines de mètres, est en état de choc. Elle occupait quelques minutes plus tôt la place du soldat qui vient de laisser sa vie dans cet accident. Le reste de la troupe tente en vain de la réconforter, de lui expliquer que ce n'était pas son heure. Rien n'y fait. Elle se sent presque coupable d'être encore vivante, alors qu'un garçon si beau, si jeune vient, en quelque sorte, de lui offrir sa vie.

Joséphine arrive ensuite au Liban. Plusieurs récitals sont prévus dans un cinéma de Beyrouth. Ils sont précédés d'un grand gala au profit des Forces Françaises Libres. Les sommités du pays, toutes plus riches les unes que les autres, y participent. En découvrant le parterre qui s'offre ainsi à elle, Joséphine a une idée. Elle décide que le lot principal de la vente aux enchères prévue à la fin de son tour de chant sera la petite croix de Lorraine en or, offerte par le général de Gaulle. Aucun objet ne lui est plus précieux, mais, au plus profond d'elle-même, elle est convaincue qu'il ne représente rien à côté des vies peut-être sauvées par la somme, aussi modeste soit-elle, qui pourra être tirée de cette adjudication. Entre deux chansons, elle annonce cette décision qui entraîne aussitôt, dans l'assistance, des murmures d'admiration. En un regard, elle comprend qu'elle a gagné : les hommes d'affaires présents dans la salle vont se faire un devoir de surenchérir, histoire d'assurer leur image de marque ! Ce bijou va ainsi atteindre la somme record de trois cent mille francs, intégralement reversée à la Résistance…

Un moment d'émotion encore plus fort attend Joséphine Baker. Elle se rend à Tel Aviv, Haïfa et Jérusalem. De son union avec Jean Lion sont demeurées, dans son cœur et sa mémoire, des prières juives qu'elle récite devant le mur des Lamentations. Avant de chanter dans le salon du King David, le plus bel hôtel de la ville, elle découvre Jéricho et la vallée de Josaphat. Elle avoue alors à son entourage qu'elle ne connaît pas, dans le monde, de paysage plus beau, plus serein, plus reposant, plus propice à la méditation. Elle se dit qu'elle rêverait d'être enterrée ici, même si elle sait que son vœu n'a aucune chance d'être exaucé…

La tournée se termine au Caire ou elle chante à l'Opéra Royal, devant le roi Farouk en personne. Sa Majesté honore de sa présence une soirée comme on n'en a pas vu depuis bien longtemps et comme on n'en verra sans doute pas pendant très longtemps. Les bénéfices seront versés au profit du Croissant-Rouge, les œuvres égyptiennes de bienfaisance, et, bien entendu, des Forces Françaises Libres. Joséphine chante comme jamais, presque jusqu'à épuisement, et au final, fait déployer le drapeau français orné d'une croix de Lorraine qu'elle avait confectionné pour le gala en présence du général de Gaulle, et qu'elle a ensuite soigneusement conservé. La salle est debout et les applaudissements vont se poursuivre sans interruption, pendant une dizaine de minutes. Joséphine, la gorge serrée, ne peut retenir ses larmes. Elle sait que, à travers cette série épuisante de récitals, elle a offert du bonheur et pleinement accompli la mission qu'elle s'était fixée.

De retour à Alger, elle dresse devant ses supérieurs un rapport détaillé de ses prestations et des messages de propagande qu'elle est parvenue à faire passer avec son sourire enjôleur. L'honorable correspondante qu'elle demeure communique également des indications très précises sur des actions que l'ennemi tente de mener en s'infiltrant discrètement au cœur d'un Moyen-Orient dont les richesses sont très convoitées. Des informations qui vont se révéler extrêmement utiles pour déjouer une forte propagande allemande dans les milieux musulmans.

Épuisée, Joséphine accepte alors de se reposer. Elle retrouve Marrakech et s'installe à la Mamounia. Les conversations qu'elle a avec des gradés de passage lui donnent un immense espoir. Elle sait que l'ennemi vacille et que la victoire n'est sans doute plus très loin. Plus impatiente que jamais, elle attend les ordres qui lui permettront de reprendre la route…

L'ultime alerte

Un matin de janvier 1944, dans le jardin de la Mamounia, elle grimace soudain, puis se tord de douleur... On l'aide à rejoindre sa chambre et, tandis qu'elle s'effondre sur son lit, on appelle d'urgence un médecin. À cet instant précis, Joséphine ne se fait plus la moindre illusion sur son sort. Elle sait mieux que personne qu'elle va payer au prix fort les efforts de ces derniers mois. C'est exactement ce qui se produit. Le diagnostic est formel. Elle souffre d'une grave occlusion intestinale, et les chirurgiens, constatant sa faiblesse et sa maigreur, hésitent à l'opérer. L'un d'entre eux finit par prendre le risque d'une intervention. La sauvant par là même d'une mort certaine...

Si l'opération s'est bien passée, c'est parce que Joséphine a toujours cru en sa guérison. Son incroyable force morale lui a permis de triompher de cette épreuve supplémentaire. C'est en tout cas ce que lui affirmera le médecin à la fin de sa convalescence. Il est vrai que Joséphine a fait preuve, une fois encore, d'un courage singulier. Elle est allée à la bataille, c'est-à-dire vers le bloc opératoire, la tête haute, le sourire aux lèvres, armée de toute sa sincérité. En effet, au fond d'elle-même, elle n'a jamais été véritablement inquiète. Elle a senti la mort approcher à petits pas, mais elle a toujours su que la vie gagnerait la partie.

Quatre semaines après l'opération, elle est à nouveau sur pied, attendant de poursuivre le combat. Afin d'être prête le moment venu, elle décide de s'installer à Alger. Le général René Bouscat, chef d'état-major de l'armée de l'air, lui offre une chambre dans sa villa. Il admire l'artiste, mais aussi la femme courageuse, qui a tant donné pour leur cause, celle de la France Libre. Leur complicité devient si forte qu'il finit par l'appeler « petite sœur ». Cela fait sourire Joséphine, qui s'adresse à ce haut gradé avec autant de familiarité qu'à un ami de trente ans. Un matin, après le petit déjeuner, le général lui remet un sauf-conduit où il est indiqué que « la rédactrice de première classe, assimilée au grade de sous-lieutenant, Baker Joséphine », appartenant aux « troupes féminines auxiliaires », a pour ordre de se rendre partout où son service l'exigera, motif : propagande, et que, pour ce faire, « les autorités militaires qualifiées voudront bien faciliter ses déplacements ». Elle regarde la feuille, un sourire de fierté aux lèvres. Tumpie, la petite mauricaude de Saint Louis, la « Négresse » méprisée dans ses jeunes années, est désormais le « sous-lieutenant Baker », au service de la France, le pays qui lui a ouvert les bras. À ses yeux, ce document vaut toutes les affiches de music-hall du monde.

Nous sommes le 31 mai 1944. Les rumeurs d'une victoire prochaine des Alliés arrivent jusqu'aux oreilles de Joséphine, qui bout d'impatience. Le 6 juin en fin de matinée, elle s'apprête à s'envoler pour la Corse, lorsqu'elle apprend que le débarquement tant espéré vient de se dérouler en Normandie. Elle bondit de joie, embrasse celles et ceux qu'elle croise sur son passage. La victoire n'est pas loin. Le spectacle va enfin véritablement continuer.

Ce « Jour J » manque toutefois d'être le dernier pour Joséphine. Un moteur du petit avion qui la transporte jusqu'à l'île de Beauté tombe en panne à quelques centaines de mètres de la côte. L'appareil amerrit en catastrophe et des soldats viennent porter secours aux naufragés qui, par miracle, s'en tirent sans la moindre égratignure. Ce n'est pas le cas de la malle contenant les costumes de scène ! Des robes sont mouillées, des perruques souillées... Les couturières, repasseuses et habilleuses vont faire des miracles pour que le spectacle se déroule à peu près normalement. Le lendemain matin, avant de reprendre le chemin de l'Algérie, à bord d'un appareil plus sûr, les organisateurs montrent à Joséphine deux batteries de DCA, qui ont permis d'abattre six avions allemands. Elles ont été baptisées « Joséphine » et « J'ai deux amours ».

L'été est beaucoup plus calme. Joséphine sait que la guerre est gagnée, que sa mission est terminée, et elle s'interroge sur son avenir. Elle se sent seule et sait désormais que les interventions chirurgicales qu'elle a subies l'empêcheront d'être mère. De plus, elle a tout connu, de la gloire du music-hall à la fierté de servir la cause qui lui tenait le plus à cœur. Que peut-elle faire de mieux ? La réponse est claire : rien... Ou plutôt si... servir Dieu. Elle songe ainsi à entrer au couvent, à donner son temps, sa vie et son âme, pour toujours, à l'Éternel. Cette idée va l'obséder pendant trois mois. Elle va s'habiller en religieuse durant des journées entières, rencontrer des sœurs, afin d'en savoir plus sur leur quotidien depuis qu'elles ont fait vœu de pauvreté.

Au début du mois d'octobre, quand on lui propose de retrouver Paris libéré, elle n'a pas fait son choix. Elle décide donc de quitter Alger et de rentrer en France. Elle connaît son instinct et sait qu'une fois sur place elle sera capable, mieux que tout autre, de juger, et de trouver la bonne route, ou plutôt, sa bonne route...

Jo Bouillon

Octobre 1944... Paris est en fête, et Joséphine aussi. À son retour en France, elle est accueillie comme une reine et, lorsqu'elle arrive sur les Champs-Élysées, elle provoque un embouteillage historique. Sa voiture se trouve bloquée par des centaines de milliers de fans qui désirent l'ovationner, lui serrer la main, l'embrasser, lui jeter des bouquets de fleurs. Elle leur répond à tous, d'un signe de la main, d'un sourire. Elle est visiblement émue. Elle ne s'attendait pas à un tel accueil. Puis elle pose ses valises à l'hôtel Carlton, réquisitionné par les Alliés qui lui ont trouvé une chambre. La maison qu'elle occupait jadis au Vésinet avec Pepito a en effet été saccagée par les Allemands et elle ne pourra pas s'y installer avant plusieurs mois.

Pendant deux mois, elle ne s'appartient plus, comme on dit. D'innombrables journalistes, n'ayant rien à voir avec ceux qui couvrent habituellement la chanson et le music-hall, veulent la rencontrer pour lui parler de son courage, de ses actions pendant la guerre. Des producteurs de spectacles lui proposent des ponts d'or pour remonter sur scène. Elle rencontre tout le monde, répond à tous, ne manque jamais de parler de son admiration pour le général de Gaulle, le sauveur de la France, et retrouve petit à petit, presque instinctivement, le feu sacré de l'artiste. Elle n'oublie pas pour autant la cause qu'elle défend depuis quatre ans. Elle répond ainsi présente lorsqu'on lui demande de la part du général de Lattre de Tassigny de se mettre, pour quelque temps encore, au service de son pays. Elle accepte, sans hésiter, de se glisser dans les pas des armées qui, dans les mois à venir, libéreront l'une après l'autre les villes encore occupées par l'armée allemande. Dans chacune d'entre elles, elle devra chanter, accompagnée par un grand orchestre…

Le problème qui se pose est de trouver les musiciens et le chef qui accepteront de la suivre dans cette nouvelle aventure, moyennant un défraiement minima, frisant le bénévolat. Elle est consciente qu'elle ne peut pas demander à d'autres de faire, comme elle, des sacrifices financiers. On lui parle de Jo Bouillon, un chef qui dirige un orchestre de danse composé d'une quarantaine de musiciens. Il a travaillé pendant la guerre, le soir, dans les bals, mais en engageant principalement des prisonniers français, à leur sortie des camps. Son nom ne figure donc pas sur la longue liste établie par les comités d'épuration.

Jo Bouillon… Joséphine sait parfaitement qui il est. Dix ans plus tôt, elle l'avait vu, quasi débutant, dans *Parades de France*, au Casino de Paris, la revue où Tino Rossi avait été révélé. Elle avait remarqué son talent, son sens du rythme et lui avait proposé de l'engager pour l'accompagner, le temps d'une tournée. À sa grande surprise, il avait décliné son offre, parce qu'il préférait consacrer son énergie à prendre le temps d'implanter son orchestre dans les cabarets et music-halls parisiens. Vexée sur le moment, elle ne lui en avait pas voulu pour autant. Il avait visiblement réussi, et, une fois encore, son flair ne l'avait pas trompée.

Une rencontre est organisée dans les studios du Poste Parisien, avenue des Champs-Élysées, récupérés par les Alliés après la libération de Paris. Les retrouvailles sont chaleureuses. Jo Bouillon commence par évoquer son parcours : un père professeur de musique, des études à Montpellier, le conservatoire à Paris, un premier prix de violon, et le désir de ne pas suivre la voie classique, au désespoir de papa, qui voyait en son fils un nouveau Paganini. Il s'est produit régulièrement sur les ondes, mais aussi au Bœuf sur le Toit, le club le plus couru de la capitale, où se côtoient, entre autres, Jean Cocteau, Max Jacob, André Gide, Pablo Picasso, Darius Milhaud, Georges Auric, Paul Morand, et quelques autres. À l'inverse de ce qui s'est passé une décennie plus tôt, il est ravi à l'idée de travailler avec Joséphine, même si les conditions qu'elle lui propose sont théoriquement inacceptables. Elle veut que, comme elle, les musiciens travaillent gratuitement, chaque soir. Parce qu'il s'agit, une fois encore, de servir la France et d'aider celles et ceux qui se sont sacrifiés pour elle. Tous les bénéfices seront en effet remis aux victimes de la guerre. Il promet de poser la question à sa formation, et de revenir ensuite très vite, vers elle.

Avant de prendre congé, il sort de son portefeuille une photo quelque peu jaunie, aux coins écornés, mais qui ne le quitte jamais, tel un talisman. Il la tend à Joséphine qui ne dissimule pas sa surprise. Il s'agit de l'une des cartes postales qu'elle distribuait jadis en tournée. Elle reconnaît son écriture dans la dédicace ainsi libellée, « à Jo avec toute ma sympathie ». Constatant son trouble, son interlocuteur explique que ce document date de 1933, et qu'il se trouve lié à un moment qui restera présent, pour toujours, au plus profond de sa mémoire.

Nous sommes alors au Casino d'Ostende, où le chef anime, avec ses musiciens, une soirée au bord de la piste de danse. À quelques dizaines de mètres de là, dans la salle de théâtre, Joséphine Baker chante, entourée de boys, des refrains que Jo connaît par cœur, et pas seulement parce qu'ils font partie du répertoire de sa formation : il est de ses inconditionnels, même s'il ne l'a jamais vue sur scène. Il profite d'une pause pour se glisser dans la salle et éprouve alors un véritable choc émotionnel. Il découvre une femme d'exception qui, au-delà de sa beauté, de sa plastique, de son professionnalisme, de sa souplesse, de son sourire, de sa spontanéité, de son sens du rythme, de sa voix, dégage un magnétisme dont il n'imaginait pas la portée. Subjugué, figé, presque paralysé, il reste jusqu'aux rappels puis se glisse, tel un robot, vers les coulisses jusqu'à la loge de l'artiste. Il frappe à sa porte, entre et voit une femme souriante, modestement vêtue d'un peignoir qui le reçoit gentiment. Il parvient, non sans mal, à expliquer qu'il est le chef d'orchestre du dancing d'à côté et sollicite une photo dédicacée. Elle sourit encore, presque mécaniquement, s'empare d'une carte postale à son effigie placée sur la table de maquillage et demande son prénom à ce « confrère musicien » qu'elle appelle « monsieur ». « Jo », répond son interlocuteur, plus que jamais sous le charme.

« C'est fou, on s'appelle pareil », ajoute-t-elle en éclatant d'un rire qui fait frissonner le jeune chef d'orchestre.

Et, d'un trait, elle écrit, « à Jo, avec toute ma sympathie ».

Dix ans après, elle ne garde pas le moindre souvenir, bien entendu, de cette rencontre. Mais ce récit lui donne la certitude que Jo fera tout pour convaincre ses musiciens d'accepter ses « non-conditions ».

C'est exactement ce qui se produit. Son équipe refusant de travailler gracieusement pour les yeux, aussi beaux soient-ils, de Joséphine Baker, il finit par trouver une solution qui convient à tout le monde. Les responsables de l'ancien Poste Parisien, devenu « la Chaîne Parisienne », donnent leur feu vert à une série d'émissions animées en direct par l'orchestre de Jo Bouillon, depuis les grandes villes où Joséphine sera à l'affiche. Un cachet plus conséquent que d'habitude sera versé aux musiciens, qui, pour ce prix-là, accompagneront ensuite la chanteuse. Les représentations débutent à Marseille et se poursuivent à Nice, Cannes, Toulon, puis dans l'est de la France, de Strasbourg à Mulhouse, dans des conditions climatiques beaucoup moins agréables. Elle traverse des quartiers en ruine, console des blessés, soutient moralement ceux qui savent qu'ils vont mourir... Elle résiste à tout. Le froid ne la perturbe pas plus que la scène de fortune sur laquelle elle se produit, composée de tréteaux, et souvent placée dans la cour d'une caserne. Chaque fois, elle recueille des fonds au profit des sinistrés, reçoit une ovation, et salue celles et ceux qui désormais l'associent à la France qui se bat et qui gagne. Le 28 mars 1945, elle participe à un gala, organisé par les Forces Françaises Libres, au Théâtre des Champs-Élysées. Vingt ans après la *Revue Nègre*, elle retrouve ainsi la scène qui l'a consacrée vedette. Le général de Gaulle, présent dans la salle, vient la féliciter en coulisses. Quelques jours plus tard, elle se rend à Londres, à la demande de Winston Churchill, qui, dans son discours, remercie vivement « l'artiste à qui notre victoire doit beaucoup » :

« Et vous voudriez qu'après de tels encouragements, de tels compliments, je demande de l'argent ? » explique-t-elle à ceux qui s'étonnent encore de son désintéressement.

De retour à Paris, elle continue à soutenir les plus démunis, en leur offrant du charbon pour l'hiver, en leur portant elle-même des colis, ou des cache-nez qu'elle a tricotés entre deux spectacles, « de la part des Forces Françaises Libres et du général de Gaulle ». Pour disposer d'un peu plus d'argent encore et apporter ainsi du bonheur au plus grand nombre de malheureux possible, elle n'hésite pas à mettre ses bijoux au mont-de-piété. Chaque fois, on l'embrasse, on la vénère, on la remercie avec des sanglots dans la voix De plus en plus sous le charme de cette énergie désintéressée unique en son genre, Jo Bouillon va, un jour, avouer à un ami : « Cette femme me fait penser à la fois à un torrent, à un incendie et à un rossignol. »

Printemps 1945. L'armistice est signé et la paix revient enfin. L'heure est désormais à la reconstruction. La mission du sous-lieutenant Baker s'achève en même temps. Certaines mauvaises langues en profitent pour affirmer que la carrière de Joséphine est également terminée. Elle fait partie des vedettes d'avant-guerre et n'a plus aucune chance de toucher un public en quête de nouveautés. Sa maigreur ne joue pas en sa faveur. On la dit incapable de mener la revue. Jo Bouillon est intimement convaincu du contraire. Il propose à la chanteuse, qui a eu vent de ces malfaisances, de répliquer à sa manière, en repartant en tournée. Et puis, après avoir tant donné pour les autres, il est grandement temps qu'elle pense enfin à elle. Il se porte même volontaire pour organiser ces spectacles. Elle lui donne son feu vert. C'est ainsi que Joséphine, Jo Bouillon et son orchestre reprennent la route. Débute alors, en Suisse, une série de spectacles qui, comme d'habitude, afficheront tous complet. Les critiques font amende honorable. L'un d'entre eux écrit dans un journal publié à Zurich que la danseuse à la ceinture de bananes est devenue une Parisienne élégante. On la juge moins distante, plus humaine que jadis. Elle confirme que quatre années sur le front et sa bataille contre la maladie ont profondément changé sa philosophie de la vie, et son attitude envers autrui.

Les galas se poursuivent à Berlin, au cœur d'une ville détruite par les bombes, en présence de soldats des troupes alliées, avec un projecteur de la DCA en guise d'éclairage de scène. Joséphine se rend ensuite au Danemark, en Italie, puis retrouve Copenhague, si cher à son souvenir. Le lendemain de son arrivée, elle est prise de violentes douleurs dans la poitrine. Doublement paniquée par cette souffrance inattendue et le fait qu'elle la fusille ici, comme jadis, elle s'effondre devant un médecin qui, jugeant la situation extrêmement grave, la fait aussitôt transporter par avion à Paris. Admise à l'hôpital Ambroise Paré, elle subit des examens poussés et apprend qu'elle souffre, une fois encore, d'une occlusion intestinale, à laquelle s'est ajoutée une septicémie. À la fin du mois de septembre 1946, l'opération est inévitable. On fait appel au docteur Funck-Brentano, l'un des plus illustres chirurgiens français. L'intervention dure trois heures. À la sortie, le pronostic est réservé. Physiquement, Joséphine est d'une faiblesse plus que préoccupante. L'espoir réside avant tout dans l'incroyable vitalité de la patiente... Une fois encore, le miracle se produit. Joséphine reprend conscience et esquisse un sourire faible, mais encourageant. Elle était déjà très maigre. Elle a maintenant vingt-cinq kilos de moins, mais elle est là, encore là, toujours là...

Le 6 octobre 1946, le colonel Guy Baucheron de Boissoudy, l'un des bras droits du général de Gaulle à Londres et Alger, vient à son chevet pour lui remettre, au nom de la France Libre, la médaille de la Résistance. Mme de Boissieu, la fille du Général, est à ses côtés pour représenter son père. Joséphine ne dissimule pas son émotion. Après le départ de ces officiels, elle reste seule dans sa chambre avec Jo Bouillon, et s'effondre dans ses bras. Elle a connu et aimé bien des hommes, mais aucun ne compte plus à côté de Jo, dont elle est profondément amoureuse. Et pas seulement parce qu'il s'est montré omniprésent depuis bientôt deux ans. L'amour est né petit à petit, au fil de la tournée. Joséphine a d'abord pris l'habitude de s'installer en coulisses pour suivre l'orchestre qui assure la première partie du spectacle, mais aussi et surtout pour ne pas quitter des yeux Jo, qu'elle applaudit à tout rompre à la fin de chaque morceau. Averti par son entourage — car il n'a rien vu —, Jo a soudain réalisé que « son » idole, la femme qu'il admirait le plus au monde, séduite par son dynamisme et sa gentillesse, rêvait de se blottir dans ses bras... Et c'est ce qui va se produire, presque naturellement, telle une évidence...

Entre Jo et Joséphine, on commence à parler mariage. Il aura lieu, dit-on, dès la fin d'une convalescence que les médecins pronostiquent « longue, particulièrement longue... ». Une nouvelle opération se trouve même programmée à l'heure où Jo Bouillon accepte une lourde responsabilité : prendre la direction du Bœuf sur le Toit et relancer ainsi un club parisien dont la cote est à la baisse. Tout en faisant des allées et venues à la clinique, il prépare sa programmation et un cocktail d'inauguration jugé essentiel. C'est de la réaction des journalistes et des comptes rendus dans la presse que dépendra le succès ou l'échec de cette nouvelle aventure.

Le jour venu, quelques instants avant le début de la réception, Jo, qui vérifie quelques détails en coulisses, entend un brouhaha du côté de l'entrée. Il court vers la porte et aperçoit les photographes en train de mitrailler une personnalité qui vient d'arriver. Il s'interroge aussitôt sur l'identité de cette star qui suscite un tel engouement, et découvre... Joséphine, vêtue d'une djellaba, maquillée, coiffée, posant souriante devant la presse. Il n'en croit pas ses yeux, se demande s'il ne s'agit pas d'une mauvaise farce, s'il n'est pas victime d'une hallucination. En effet, Joséphine est passée le matin même sur la table d'opération. Elle doit, théoriquement, être en train de se réveiller doucement dans son lit d'hôpital. Il n'a pas le temps de se remettre de sa surprise. Joséphine tombe dans ses bras, l'embrasse à pleine bouche et lance aux journalistes :

« Je voulais être là pour la première de mon futur mari... »

Et elle ajoute à l'oreille de Jo, qui tente de lui demander comment elle peut, physiquement, être présente :

« Ne t'inquiète pas. Les docteurs m'ont fait un superbe pansement. J'ai le ventre très serré. Je ne risque rien... »

Elle pénètre alors dans la salle, s'assied et écoute l'orchestre jouer, en son honneur, *J'ai deux amours*. À la fin de la chanson, elle se lève sous les ovations, salue l'assistance, rejoint la sortie et l'ambulance qui la reconduit à l'hôpital, épuisée, mais heureuse comme une petite fille qui vient de jouer un bon tour à celui qu'elle aime...

Une fois sur pied, elle entraîne son fiancé au château des Milandes. Elle n'a pas oublié ce paradis terrestre qu'elle a découvert avant-guerre, et désire plus que jamais s'y installer. Pour elle, ce paysage de la Dordogne avec ses champs, ses bois, sa lumière très particulière, c'est l'image de la « douce France », symbolisée par la chanson de Charles Trenet, avec un zeste de savane qui lui rappelle ses origines. Avec sa franchise habituelle, elle explique qu'elle a déjà habité entre ces tours, en louant l'ensemble à un certain M. Malèze, qui, aujourd'hui, semble décidé à vendre. Elle ne compte pas laisser passer l'occasion de devenir la future propriétaire, de vivre au cœur de la vraie nature, dans le calme, la sérénité... Son enthousiasme, son émerveillement quasi enfantin font sourire Jo qui tente de la raisonner. À l'exception de quelques pièces non chauffées, y compris une seule salle de bains, le bâtiment est en ruine. Elle ne l'écoute pas. Elle a déjà connu les pires problèmes matériels, et s'en est toujours sortie. Elle montre, un peu plus encore, son attachement au lieu en racontant son histoire, d'une traite, presque sans respirer. Elle sait véritablement tout sur tout. Elle a mené une enquête sur le fondateur des lieux, François de Caumont, seigneur de Castelnau. La construction d'origine remonte à 1489, et le mot « Mirandes », choisi en ce temps, évoque « un lieu élevé dont la vue s'étend très loin, jusqu'au bord d'un cours d'eau ». Et si Joséphine l'a rebaptisé « Milandes » depuis le jour où elle a découvert ce qu'elle considère comme son ultime terre d'accueil, c'est parce qu'elle prononce plus facilement les « l » que les « r ». C'est aussi là qu'un soir, lors de ce premier séjour, Joséphine se confie véritablement à Jo.

Devant la cheminée dominée par les armoiries des Caumont — des léopards, symbole de force —, elle avoue pour la première fois sa faiblesse. Elle est épuisée, se trouve laide, démodée, maigre comme jamais. Elle est alors certaine qu'il lui sera désormais impossible de remonter un jour sur scène. Jugeant sa détresse plus morale que physique, Jo cherche, par tous les moyens, à trouver l'argument qui la fera revenir sur sa décision. Il lui assure que son public l'attend, comme son orchestre, plus que jamais à sa disposition pour l'accompagner partout, jusqu'au bout du monde s'il le faut. Chaque fois, elle remercie d'un sourire timide, mais décline la proposition. Jusqu'au jour où, après une rencontre avec le propriétaire, elle confirme son offre d'achat. Elle n'a jamais eu aucune notion de l'argent, mais la somme à débourser est si forte que pour parvenir à ses fins et faire un minimum de travaux une solution s'impose : travailler et gagner suffisamment d'argent pour tenir son engagement financier. Jo saute sur l'occasion, et promet de lui trouver un maximum de galas.

« Non, réplique-t-elle. De NOUS trouver un maximum de galas... »

Quand elle parle d'avenir, elle s'exprime désormais à la première personne du pluriel. Elle a beaucoup hésité avant d'accepter l'idée de devenir « Mme Bouillon ». Elle a eu tant de déboires qu'elle se méfie de tout, y compris de ses propres coups de cœur. Ses proches la rassurent. Le chef d'orchestre est fou amoureux d'elle et elle peut avoir confiance en lui. Il l'a démontré dans les moments difficiles en étant toujours présent, en lui donnant tout. Il est celui qu'il lui faut pour franchir la nouvelle étape d'une vie décidément pas comme les autres.

Le mariage est fixé au 3 juin 1947, le jour de l'anniversaire de Joséphine, au terme d'une nouvelle et paisible convalescence passée dans la douceur des Milandes. Les « oui » traditionnels sont prononcés dans la mairie de Castelnaud-Fayrac, le village voisin du château, en présence des habitants des environs, les seuls véritables invités à cette noce intime. La messe est ensuite célébrée dans la chapelle du château. Joséphine, vêtue de rose devant l'officier d'état civil, choisit un tailleur blanc pour jurer devant Dieu sa fidélité à son nouvel époux. Elle est visiblement heureuse et ne répond pas quand un convive s'étonne naïvement d'avoir entendu parler, à son propos, de sa conversion au judaïsme à l'heure de son union, quelques années auparavant, avec Jean Lion. Elle aime Dieu en général, sans attacher une importance véritable au culte dont il est le symbole. Tout ce petit monde se retrouve ensuite dans la salle principale du château où Joséphine, portant cette fois-ci une robe à fleurs, est applaudie comme au final d'une revue, lorsqu'elle découpe la première part d'une pièce montée mesurant un mètre cinquante de haut, spécialement confectionnée dans une pâtisserie renommée de Sarlat.

Le lendemain matin, l'heure est aux interrogations plutôt qu'à la fête. Quand et où Joséphine doit-elle remonter sur scène, et dans quelles circonstances ? Quel doit être son programme et comment doit-elle s'habiller ? La garde-robe des années de guerre est définitivement obsolète, et pas seulement parce que Joséphine l'a portée jusqu'à usure dans des conditions de transport souvent très périlleuses. Elle a beaucoup maigri, et tout est à refaire…

Un retour à Paris est d'abord envisagé. Mais il paraît trop incertain. Les temps ont changé et le public aussi. En ces temps économiquement difficiles, il semble périlleux de renouer avec les fastueuses revues de jadis. De plus, elle craint la réaction des critiques, perpétuellement à la recherche de nouveautés, qui privilégieront systématiquement un talent en puissance, même s'il en manque, à une vedette d'hier, aussi confirmée soit-elle.

Une idée finit par lui venir à l'esprit. Pourquoi pas une tournée en Amérique du Sud, où elle demeure extrêmement populaire ? Il n'y a aucun risque pour son image, et, financièrement, ce sera une excellente affaire. La proposition est ainsi retenue et Jo décide de partir en éclaireur pour trouver des producteurs, retenir des salles et commencer à annoncer ce qui est un véritable événement. Les résultats ne se révèlent pas aussi encourageants qu'il l'espérait. À Rio comme à Buenos Aires, la rentrée de Joséphine Baker ne séduit pas les investisseurs. Les journaux ont longuement rapporté ses ennuis de santé, certains ont même annoncé sa mort. Certes elle est plus vivante que jamais, et les interlocuteurs de Jo s'en réjouissent, mais elle ne fait plus partie du paysage des têtes d'affiche du spectacle.

Jo est inquiet. Il ne s'attendait pas à de telles réactions. Il tremble à l'idée de faire son rapport à Joséphine. Comment prendra-t-elle cela, même si, il le sait, elle pressent au plus profond d'elle-même que les choses ne sont plus comme avant ? Un matin, dans les couloirs d'un studio de radio, il croise Hugo del Carril, le roi du tango argentin, disciple et successeur de Carlos Gardel, le maître du genre. Hugo del Carril connaît Jo Bouillon de réputation, et fait surtout partie des inconditionnels de Joséphine. Il apprend de la bouche du chef d'orchestre, visiblement dépité, la réaction des directeurs de théâtre à travers l'Amérique du Sud. Il ne dissimule pas sa fureur et hurle au scandale. Comment peut-on éliminer d'une phrase une femme qui a tant donné au public, et qui a fait preuve, en des temps particulièrement difficiles, d'un courage véritablement exemplaire. Il propose à Jo de le revoir le lendemain matin, chez lui, car il a une petite idée derrière la tête dont il aimerait bien lui parler...

Vingt-quatre heures plus tard, Hugo del Carril propose à Jo l'association suivante : il fournit l'argent nécessaire pour louer une salle, payer les artistes et le voyage et prend, en échange, soixante pour cent des éventuels bénéfices. Le chef d'orchestre ne pouvait rêver mieux. Le contrat est signé et, quelques heures plus tard, il envoie un télégramme à Joséphine pour lui annoncer qu'elle va débuter au Politeama Argentina de Buenos Aires, et que le spectacle est prévu pour quinze représentations. « J'espère qu'il y aura assez de monde pour tenir aussi longtemps », se dit Jo, à bord de l'avion qui le reconduit à Paris...

Les représentations vont finalement durer trois mois, et se dérouler à guichets fermés. Le public se bouscule pour ne pas manquer la rentrée mondiale de Joséphine. On admire la nouvelle garde-robe que de grands couturiers, parmi lesquels Dessès et Balenciaga, ont réalisée pour elle, à cette occasion. Le succès est tel que, les jours de relâche, elle accepte des contrats dans d'autres villes où elle vient interpréter quelques chansons dans des soirées privées, où se côtoient des sommités politiques, des ambassadeurs, des hommes d'affaires. Elle se retrouve parfois à la limite de l'épuisement, mais elle sait que chaque peso gagné va permettre d'acheter les Milandes et de disposer des moyens nécessaires pour remettre en état les bâtiments en ruine. Ou plutôt que ces sommes sont nécessaires pour payer ce qui est déjà devenu une grosse dette. Joséphine a en effet profité du séjour exploratoire de son mari en Amérique du Sud pour adresser l'acte d'achat signé au notaire, sans rien dire à personne. Un sourire gêné aux lèvres, elle l'avoue à Jo au lendemain d'un triomphe de plus à Mexico. Le chef d'orchestre frissonne rétroactivement. Que se serait-il passé si le destin n'avait pas mis Hugo del Carril sur son chemin ? Il n'aurait plus été question des Milandes et, sans aucun doute, à moyen terme, de Joséphine... Aurait-elle eu la force de repartir, voire de survivre, à une telle gifle professionnelle ?

Les mois passent et, fidèle à sa légende, Joséphine alterne moments de bonheur et de malheur. Elle tombe miraculeusement enceinte, mais perd, une fois encore, le bébé quelques semaines plus tard. Pour avoir une chance de le mettre au monde, il eût été indispensable qu'elle demeurât allongée pendant six à huit mois. Elle est capable de tout, mais voilà quelque chose qui, pour elle, est hélas mission impossible.

« Josefina » à Cuba

La scène se déroule au début de l'année 1948, à La Havane, dans le hall de l'hôtel où une suite a été réservée au nom de Joséphine Baker, qui doit se produire à Cuba pendant une semaine. À son arrivée, le réceptionniste, visiblement gêné, annonce à la chanteuse qu'il y a eu une erreur de transmission, que la confirmation de sa réservation n'a pas été enregistrée. Il n'y a plus une chambre de libre et, à son grand regret, il est impossible de la recevoir dans cet établissement. Joséphine, qui n'est pas dupe, entre alors dans l'une de ces colères dont elle a le secret. Elle sait parfaitement que, administrativement, tout est en ordre, et que la raison de ce rejet, c'est tout simplement la couleur de sa peau. Le directeur craint sans doute de mécontenter une clientèle américaine particulièrement raciste en accueillant une « Négresse ».

Le retour de bâton est violent. Joséphine trouve aussitôt un huissier et lui demande de consigner les faits. Elle alerte ensuite la presse qui ne manque pas de rapporter les faits, tels qu'ils se sont déroulés. La population, ainsi avertie, manifeste sa solidarité en allant applaudir celle qu'on surnomme désormais « Josefina ». Elle devient la marraine d'une association baptisée « J'ai deux amours », et s'exprime régulièrement sur son dégoût du racisme.

L'engouement est tel que les représentations vont se prolonger pendant trois mois. Sur scène, ou lors de soirées officielles, son propos est toujours le même : il ne doit y avoir sur terre qu'une seule race, la race humaine...

C'est ainsi que naît, petit à petit, dans son esprit l'idée de devenir la porte-parole, le symbole d'une fraternité universelle, condition sine qua non, à ses yeux, à un monde où la paix puisse régner pour toujours. Et, pour préparer cet avenir avec le plus de chances de réussite possible, la solution idéale est d'y impliquer ceux qui feront cet avenir, autrement dit les adultes de demain.

Un soir, au cours d'un tête-à-tête avec Jo, elle prend son souffle et développe d'une traite les grandes lignes de son projet. Puisqu'elle n'aura jamais d'enfants, elle veut en adopter. Et qu'ils soient de toutes les races, de toutes les couleurs. Afin que, à travers elle, ils deviennent les symboles de la fraternité universelle.

Sa conviction devient plus grande encore lorsque la mésaventure dont elle a été victime à La Havane se reproduit. Elle se rend à New York où curieusement, dès qu'elle apparaît dans le hall de l'hôtel, la chambre retenue n'est soudain plus disponible à partir du lendemain matin. Et la même scène se répète dans la majorité des établissements de la ville. À l'inverse de ce qui s'est produit à Cuba, Joséphine ne réagit pas. Elle se contente de « compter les points », et de noter tout ce qui se passe. Elle veut savoir jusqu'où ira cette affaire et prendre les mesures qui s'imposent... Retrouvant ses réflexes d'honorable correspondante des années de guerre, elle imagine un plan aussi simple que machiavélique. Elle profite d'une invitation lancée par l'Université noire de Nashville, où on lui demande une conférence sur le thème du racisme en France, pour se promener anonymement, dans le Sud, modestement vêtue, sous le pseudonyme de Miss Brown. On lui ferme les portes des hôtels, bien sûr, des restaurants, de certains magasins, et, plus fort encore, elle se retrouve un jour dans le wagon-restaurant d'un train, obligée de dîner derrière un rideau, afin que les Blancs ne se rendent pas compte de sa présence. Elle note tout sur un petit carnet, avec un mélange de rage et de jubilation. Elle sait qu'elle est en train de réunir des éléments qui lui seront très utiles lorsqu'elle entamera une lutte féroce contre le racisme, et qui risque de ressembler à un bras de fer...

L'inauguration des Milandes

Mars 1948... Joséphine est de retour en France, pays sur lequel règne le plan Marshall et où la ration quotidienne de pain (250 g) est inférieure à celle du temps de l'Occupation. La tournée a été un succès et, à la surprise de son entourage, ne l'a pas épuisée, bien au contraire. Joséphine a repris des kilos et semble à nouveau particulièrement rayonnante. Depuis son arrivée à Cherbourg, port d'arrivée et de départ des grands transatlantiques, elle ne parle que d'avenir. Son seul véritable objectif, désormais, c'est de donner vie aux Milandes et d'y accueillir, le plus rapidement possible, les enfants qu'elle est plus que jamais décidée à adopter. Elle n'en oublie pas la scène pour autant. Elle désire continuer à se produire partout dans le monde, dès lors qu'on le lui proposera. Mais son véritable port d'attache se situe désormais sur les bords de la Dordogne. C'est ainsi qu'elle demande aux architectes chargés d'aménager une partie des Milandes de construire une guinguette, avec une scène en plein air, au pied du château. Comme au temps de ses cabarets Chez Joséphine, elle s'y produira le soir, pour les gens des environs ou les touristes de passage. Renommée oblige, elle sait que les étrangers seront forcément attirés par ce lieu, au simple énoncé de son nom. Et cela lui permettra de chanter tout en ne négligeant pas une famille à laquelle elle veut désormais porter toute son attention.

Cet état de grâce ne dure guère. Par réflexe professionnel, Joséphine fourmille de mille idées, de mille projets, et ne comprend pas que celles et ceux chargés de les appliquer ne réagissent pas avant plusieurs jours, voire plusieurs semaines. Certains tentent de lui expliquer qu'en Dordogne on ne vit pas comme à Paris : rien n'y fait. Aussi décide-t-elle de « mettre la main à la pâte ». Vêtue d'une salopette beaucoup moins élégante que ses robes de revue, elle manie la truelle, demande aux amis de passage de jouer les peintres en bâtiments, les maçons, les électriciens, les plombiers, les déménageurs. Elle fait le siège des autorités locales afin d'obtenir une remise en état du raccordement au réseau électrique, s'occupe de la rénovation du jardin et du nettoyage et de l'entretien de la centaine d'hectares en friche entourant la propriété, qui lui appartient désormais.

À mesure de l'avancement des travaux, Joséphine commence à comprendre que ceux-ci vont durer beaucoup plus longtemps que prévu : des mois, voire des années. Pour en régler le montant le moment venu, et pour ne pas piaffer sur place en attendant le bon vouloir des entreprises, elle décide finalement de repartir en tournée. Quelques coups de téléphone suffisent alors à Jo Bouillon pour remplir le planning. À Bruxelles, vedette du gala de la Croix-Rouge, elle rencontre la reine-mère Élisabeth, qui est une inconditionnelle de ses chansons. À Rome, c'est avec le président de la République italienne qu'elle converse familièrement, dans des circonstances particulièrement insolites : découvrant un tapis rouge au pied du train qui l'a conduite jusqu'à la gare de la ville papale, elle l'emprunte, bien droite, le sourire aux lèvres, en envoyant des baisers à une assistance qui se presse aux environs et semble particulièrement surprise. En effet, ce n'est pas à elle que cet honneur s'adresse, mais au président de la République qui arrive en sens inverse. Elle le croise au milieu du parcours, et le salue comme si de rien n'était. Le chef d'État la reconnaît immédiatement, esquisse un sourire et, à sa grande surprise, lui répond très cordialement. Au bout de quelques instants, il lui offre son bras et l'invite à le suivre pour boire un verre et goûter quelques pâtes au buffet dressé dans le hall.

Elle passe aussi quelque temps à Paris. Refusant de se produire sur l'une des grandes scènes où elle a triomphé, elle choisit d'animer le « Club 48 », avenue Montaigne, près des Champs-Élysées. Pendant plusieurs mois, elle va chanter et danser chaque nuit devant des personnalités du monde entier, des stars et même des souverains de passage en France.

Au début de l'année 1949, cédant à l'affectueuse pression de Paul Derval, avec qui elle est toujours restée en très bons termes, elle accepte de faire sa rentrée aux Folies-Bergère. Elle a longuement hésité avant de relever ce défi. Elle demeure en effet persuadée que Paris l'a oubliée et qu'elle est désormais trop vieille pour toucher ce public si difficile. Derval et Gyarmathy la rassurent. Il ne s'agit pas de proposer un spectacle de nostalgie, mais d'innover. Bien entendu, la ceinture de bananes n'est plus du tout d'actualité. Joséphine, un peu rassurée, finit par signer le contrat.

La revue intitulée *Féeries et Folies* débute le 1er mars. Jo Bouillon signe quelques chansons, mais la plupart des morceaux joués par l'orchestre sont des symphonies, entre autres, de Beethoven, Borodine, Chopin, Gounod, Grieg, Saint-Saens, Schubert et Moussorgski. Certains ne manquent pas de s'interroger sur les raisons de cette nouvelle orientation. D'aucuns se demandent, en souriant, si Joséphine n'est pas devenue une classique avant la lettre. Elle renvoie vers Derval celles et ceux qui lui posent la question. Expliquant que les temps ont changé et qu'il est désormais nécessaire sinon vital de sortir des sentiers battus, c'est-à-dire des mélodies et ballets qui ont fait la gloire du music-hall d'avant-guerre, il présente cette soirée comme un « spectacle nouveau et de grand luxe, en dépit des restrictions économiques ». La meilleure preuve réside dans cette suite de tableaux où Joséphine, habillée d'une robe à la Mary Stuart — avec fraise plissée et grand voile de gaze transparente —, réalisée par Michel Gyarmathy, se retrouve sur l'échafaud, où elle mime la fin tragique de la fameuse reine d'Écosse, jugée et condamnée à mort sur l'ordre d'Elizabeth I en 1587. La principale intéressée apprécie particulièrement ce moment du spectacle. Monter chaque soir le grand escalier, le dos au public, s'agenouiller en posant la tête sur le billot, avant de laisser le bourreau lui couper la tête avec une hache, l'amuse beaucoup. Elle sent la tension dans la salle et la surprise lorsque au moment du geste fatal les lumières s'éteignent tandis qu'au bruit de l'instrument de torture succède le son de sa voix chantant l'*Ave Maria* de Gounod. Elle revient ensuite pour se transformer successivement en Joséphine de Beauharnais, en danseuse orientale, en cancaneuse des bals populaires de la fin du XIXe siècle, apparaissant entièrement nue, et portant sur la tête une gigantesque coiffure en forme de double corne.

Le succès est immense. Plus de mille personnes se pressent chaque soir entre l'orchestre et la corbeille. Les plus anciens sont au rendez-vous, mais les jeunes sont également présents, pour le plus grand bonheur de Joséphine. La presse salue sa performance. Un critique écrit ainsi dans un quotidien de New York : « Joséphine est à nouveau la vedette préférée de Paris. »

Elle est heureuse de ce triomphe, parce qu'elle sait qu'il peut désormais se pérenniser. Les anciens sont revenus et la nouvelle génération est au rendez-vous. Cela la conforte dans son idée. Si sa santé le lui permet, elle pourra chanter encore longtemps et disposer des moyens nécessaires à la transformation des ruines des Milandes en palais des mille et une nuits...

À la fin du mois d'août 1949, profitant de quelques jours de relâche aux Folies-Bergère, elle retrouve « son » château. La première partie des travaux est terminée et il est temps d'inaugurer officiellement un site dont le nom est désormais connu dans le monde entier. La date a été fixée au 4 septembre et l'événement s'est trouvé largement relayé par la presse. Joséphine a invité des personnalités parisiennes, des amis, mais aussi celles et ceux qui ont tout simplement envie de découvrir les lieux où la rejoindre pour cette exceptionnelle journée « Portes ouvertes ». Une participation modique de quelques dizaines de francs est demandée à chacun. Dans les nuits qui précèdent ce jour tellement important, elle ne dort pas. Elle se demande si les gens vont se déplacer, peut-être même traverser la France pour, dit-elle, « si peu de chose ». Jo Bouillon la rassure. Elle a tellement parlé des Milandes et décrit les environs dans chacune de ses interviews que le monde entier connaît maintenant le nom de ce coin de Dordogne. Sûre d'elle, elle réplique que puisqu'il en est ainsi personne n'aura envie de venir découvrir un espace dont on a déjà le sentiment de connaître chaque recoin.

Joséphine a officiellement invité deux mille cinq cents personnes, avec l'espoir d'en recevoir la

1

1. Vers 1925.

« Au music-hall, sur scène, dans une ligne de girls,
je fais tache blanche. »

2

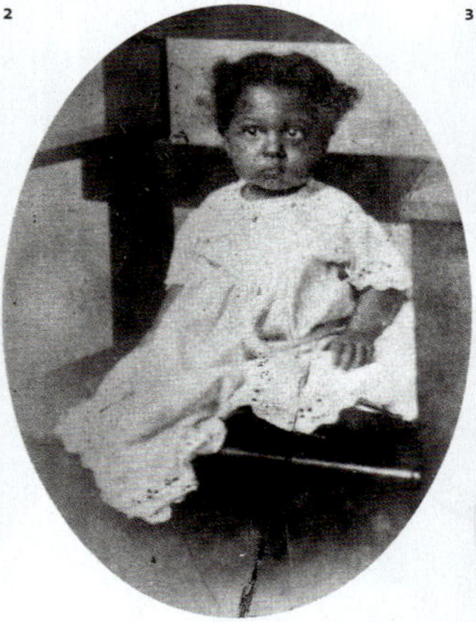

3

LA
REVUE NÈGRE
AU
PAUL COLIN.
Music-hall
DES
CHAMPS-ÉLYSÉES
H. CHACHOIN Imp. PARIS - 1925

4

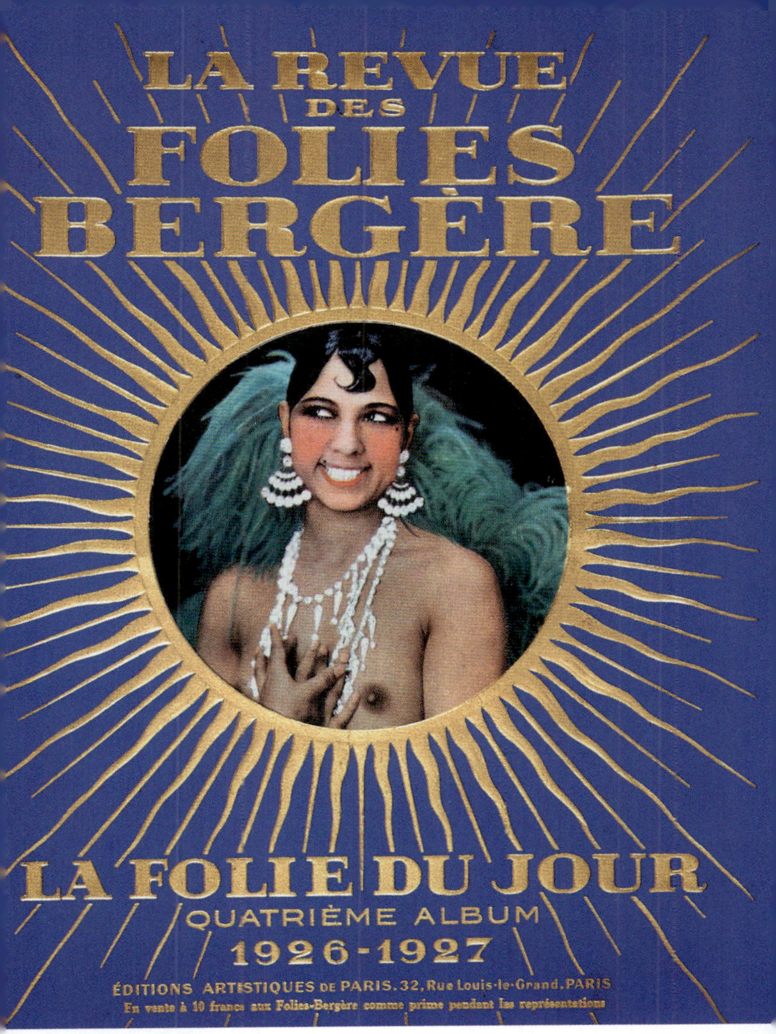

5

2. Freda Joséphine McDonald, vers 1908.

3. Avec Paul Poiret lors de la Sainte-Catherine, 25 novembre 1925.

4. Affiche de Paul Colin, 1925.

5. Programme des Folies-Bergère, 1926-1927.

6

7

8

*« Il est plus facile
de me priver de nourriture
que d'amour. »*

6. Séance de pose à l'époque de *J'ai deux amours*, 1931.

7. Dans son bar «Chez Joséphine» rue Fontaine, à Paris, février 1928.

8. Avec son fiancé et futur premier mari, Giuseppe Abatino, 1926-1927.

9

10

11

9. Avec Jo Bouillon, son second mari, et leurs enfants adoptés dans leur maison «Les Milandes», décembre 1956 : (de gauche à droite) Teruya (Japon), Akio (Corée), Luis (Colombie), Jean-Claude (France), Moïse (Israël), Brahim (Algérie), Marianne (France) et Jari (Finlande).

10. Publicité pour la brillantine Bakerfix, lancée en 1926.

11. Le château «Les Milandes» à Castelnaud-la-Chapelle, Dordogne.

« Puisque je personnifie la sauvage sur scène, j'essaie d'être civilisée dans la vie. »

12

« La scène, c'est le meilleur des médicaments.
On a mal partout avant d'entrer en scène,
quand le rideau s'ouvre, tout passe,
comme par miracle. »

13

12. Partition de *J'ai deux amours* illustrée par Zig, Éditions Francis Salabert, 1930.

13. Affiche du film de Marc Allégret, 1934.

14 Dans *Paris, mes amours* à l'Olympia, mai 1959.

15 Joséphine Baker dans l'uniforme des troupes auxiliaires féminines de l'armée de l'Air, 1943.

14

15

16

17

16. Cérémonie solennelle de l'entrée de Joséphine Baker au Panthéon, 30 novembre 2021.

17. Affiche de son dernier spectacle à Bobino, avril 1975.

moitié. De huit heures du matin au coucher du soleil, on va recenser plus de six mille fans, des deux sexes et de toutes générations, entre les allées, les couloirs et la Guinguette. Joséphine, aussi surprise que rayonnante, va saluer chacun d'entre eux, tandis que Jo supervise les animations proposées aux visiteurs : des courses à pied, des concours de belote, de pétanque, de volley-ball, de danse et de chant. En fin d'après-midi, Joséphine apparaît sur la scène de la Guinguette dans une robe somptueuse comme l'on n'en porte plus qu'aux Folies-Bergère. Le sourire plus enjôleur que jamais, la cambrure parfaite, les yeux pleins de vie, elle ne semble absolument pas épuisée par une journée qui a pourtant débuté à cinq heures du matin. Simplement accompagnée par Jo au violon, elle commence à interpréter ses plus grands succès, aussitôt repris en chœur par la foule. Le récital se poursuit pendant une heure et se termine, en guise de bouquet final, par un feu d'artifice tiré depuis les bords de la Dordogne.

Au terme de cette journée mémorable, officiels et amis se retrouvent enfin dans une salle du château pour ce que Joséphine a baptisé un « souper intime ». Une centaine de personnes félicitent la maîtresse de maison, radieuse, heureuse, plus pétillante que jamais. Elle sourit à tous, en conservant toutefois, au plus profond d'elle-même, une certaine inquiétude. Elle sait que le chemin est encore très long pour que son rêve devienne réalité. La rénovation des Milandes va coûter cher, très cher. En pensant au nombre de soirs où elle va devoir monter sur scène pour régler la note, elle a soudain le vertige. Mais se reprend vite : « Quand on aime, a-t-elle l'habitude de dire, on ne compte pas... »

Le Baker Day

Le réveil est difficile. Comme Joséphine l'avait pressenti, le total des sommes nécessaires aux travaux de rénovation du château dépasse de très loin le montant de ses économies. Elle doit donc gagner beaucoup d'argent dans les mois à venir pour régler ne serait-ce qu'une partie de cette somme. Les propositions de spectacles les plus fructueuses ne pourront pas venir de Paris pendant quelque temps. La série de représentations aux Folies-Bergère a été un immense succès, mais le potentiel de spectateurs sur cette scène, comme sur d'autres au cœur de la capitale, est épuisé pour au moins plusieurs mois. Il n'y a donc qu'une seule façon de remplir les caisses le plus vite possible : se produire à l'étranger, dans le plus grand nombre de pays possibles, pendant une année, voire plus. Ces absences régulières posent un autre problème. Comment être en même temps au four et au moulin, ou plutôt sur scène et au château, afin, entre autres, de superviser les aménagements ? Matériellement, c'est impossible. Joséphine décide, sans la moindre hésitation, que Jo passera, pendant quelques mois, du statut de chef d'orchestre à celui de chef de chantier. Autrement dit, il restera au château tandis qu'elle chantera et dansera dans les pays qui lui proposeront de l'accueillir.

Ces pays sont particulièrement nombreux. Elle se retrouve ainsi à l'affiche en Belgique, en Hollande, en Espagne, en Allemagne et en Italie, où elle est reçue, au Vatican, par le pape Pie XII. Pour le saint-père, elle n'est pas une inconnue, même s'il est évident qu'il ne l'a jamais vue danser et ne l'a pas entendue chanter. En revanche, ses conseillers, ainsi que quelques cardinaux, lui ont longuement parlé de ses positions contre le racisme. Lorsqu'elle s'avance vers lui, tout de blanc vêtue, elle s'incline et se met à genoux. Il lui demande de se relever et entame une conversation en français, où, pendant quelques minutes, elle va évoquer les Milandes et son désir profond de consacrer désormais sa vie à lutter contre toutes les formes d'injustice. Elle est bien décidée à adopter des enfants de toutes les couleurs et de toutes les religions et à faire de son château « la capitale mondiale de la fraternité ». Le Souverain Pontife l'encourage et lui donne sa bénédiction. Ce geste hautement symbolique va profondément marquer Joséphine, qui n'oubliera jamais cet instant...

L'été 1950 permet à la nouvelle propriétaire des Milandes de dresser un état des lieux et des priorités. Au début de l'automne, elle charge Jo d'un certain nombre de missions, à commencer par la rénovation des murs et la décoration d'une partie du jardin et des terrasses, en y introduisant arbres et plantes exotiques. Puis, accompagnée de Pierre Spiers, un pianiste qui travaille avec d'autres artistes, notamment Tino Rossi, elle entame une nouvelle tournée en Amérique du Sud. Elle s'annonce triomphale et elle va l'être.

Joséphine se rend ensuite à La Havane où elle est accueillie par une foule en délire. On aime l'artiste et on vénère la femme qui a débuté, à Cuba, un combat contre le racisme qui lui tient visiblement à cœur. Son dégoût contre toute forme de discrimination est si fort qu'elle s'est juré, au lendemain de son « étude » dans le sud du pays, de ne plus remettre les pieds aux États-Unis. Aussi, lorsque au cours de ce séjour à Cuba un producteur américain vient lui proposer un contrat particulièrement intéressant pour se produire pendant quelques soirs à Miami, dans un club très chic, à l'enseigne du Copa City, elle refuse. Elle connaît cet établissement et sait que l'entrée est strictement interdite aux Noirs. Croyant qu'il s'agit là d'un prétexte pour faire monter les enchères, le producteur double la mise. Il se heurte à nouveau à un mur. Joséphine explique qu'elle a décidé de consacrer tout son temps à un projet qui lui tient à cœur, et qu'elle a l'intention de passer beaucoup plus de temps du côté de la Dordogne qu'en Amérique du Nord. Comprenant que la chanteuse n'essaie pas de donner le change, le producteur tente un ultime argument. Certes, les Noirs n'entrent pas au Copa City, mais peut-être parce que personne ne le leur a proposé… Joséphine réfléchit un instant et réplique :

« Si vous obtenez que les Noirs puissent venir me voir chanter au même titre que les Blancs, je signe votre contrat. »

Le producteur décide alors de prendre le risque de contourner ce qui est plus une tradition qu'une règle établie. Aucune loi de cet État n'interdit en effet l'entrée d'un quelconque établissement à une personne de couleur. Et c'est ainsi qu'il ajoute au contrat type d'engagement d'un artiste une clause qui constitue une première : « Il est entendu que les clients seront admis sans considération de leur race, couleur ou religion. » Il est également convenu que cette clause particulière sera reconduite lors d'une tournée dans d'autres villes aux États-Unis, pendant les trois mois qui suivront.

À la veille du premier spectacle, Joséphine vérifie elle-même que les panneaux où il est notifié que les loges, vestiaires et toilettes sont interdits aux Noirs ont été retirés. Vers dix-sept heures, elle apprend que, en dépit de l'annonce précisant que son show était ouvert à tous, aucun billet n'a été acheté par un Noir. Les membres de la communauté noire de Miami ont profondément envie de venir l'applaudir, mais ils n'osent pas aller frapper à la porte de la boîte de nuit. Ils se méfient, craignent de tomber dans un piège, voire de devoir faire face à des brimades ou à des représailles. Ce n'est pas la première fois qu'on leur fait de telles promesses, et cela s'est souvent très mal terminé. Joséphine, comprenant parfaitement ce que peuvent ressentir ses frères et sœurs de couleur, demande qu'on mette immédiatement à sa disposition une voiture et qu'on la conduise dans le quartier noir. Pendant toute la soirée, elle va parler avec les personnalités les plus influentes et les convaincre, non sans mal parfois, de sa bonne foi.

Le lendemain, devant une salle en noir et blanc, et dans une ambiance électrique, Joséphine chante ses plus grands succès. Lorsque le public, composé d'anonymes et de personnalités venues de New York, se lève, devant faire face à un flot d'émotion, elle éclate en sanglots :

« C'est le moment le plus important de toute ma vie, avoue-t-elle la gorge serrée. C'est la première fois que je reviens dans mon pays natal depuis vingt-six ans. Que je reviens vraiment. Parce que les autres fois, ça ne comptait pas... Je peux serrer vos mains, et cela a une importance considérable pour vous, pour moi... pour nous... tous membres de la race humaine... »

Dans les jours qui suivent, partout où elle se produit, la réaction est identique. Les Blancs et les Noirs l'applaudissent, se précipitent pour l'embrasser, la remercier. Les critiques ne tarissent pas d'éloges. On la compare à Édith Piaf, dont la notoriété est alors, outre-Atlantique, à son zénith. On cite ses robes de scène créées par de grands couturiers et on la présente comme l'une des femmes les plus élégantes du monde, l'ambassadrice de la haute couture et du bon goût français. Le contrat qu'elle a signé est prolongé de trois ans. Elle s'engage à chanter neuf mois par an aux États-Unis, moyennant un minimum garanti de deux cent mille dollars. Une véritable fortune.

L'impact de ces récitals est tel que le 20 mai 1951 une « Association de défense des gens de couleur » organise le « Baker Day », au cœur de Harlem. Le quartier a été couvert de bouquets de fleurs. Ce jour-là, toute de blanc vêtue, elle se montre dans les rues à bord d'une voiture décapotable, et salue des milliers de Noirs, toutes classes et générations confondues. La plupart d'entre eux ont choisi de porter la tenue du dimanche, voire un habit et un haut-de-forme. Rien ne paraît trop beau en effet pour saluer la victoire remportée par Joséphine dans son combat vital contre la ségrégation. La journée se poursuit par des discours, des défilés, des parades, des réceptions où Joséphine, tout sourire, a un petit mot pour chacun. Elle encourage une femme à mieux se défendre contre ses patrons, incite un enfant noir à jouer avec un Blanc, afin qu'ils prennent aussitôt de bonnes habitudes. Elle essuie une larme lorsque à une tribune l'un des invités lance : « Les futures générations noires devront se rappeler que si leur chemin est devenu plus doux, c'est à Joséphine qu'ils le doivent... »

Le Stork Club

Été 1951... Joséphine Baker retrouve les Milandes où elle n'était pas retournée depuis le mois d'octobre. C'est peu dire qu'elle s'active pour vérifier l'avancée des travaux de rénovation des bâtiments mais aussi l'état du terrain dans les trois cents hectares qui entourent le château. Debout chaque matin à six heures, elle ne s'assoit jamais avant la tombée de la nuit. Grâce aux sommes qui figurent désormais sur son compte en banque, elle entreprend des travaux pharaoniques et décide, en particulier, de faire construire un hôtel modeste, mais confortable, qui permettra aux touristes de passer une, voire deux ou trois nuits, dans les environs. N'oubliant pas son intention d'adopter des enfants de toutes races, de toutes couleurs et de toutes religions, elle décide que l'établissement aura pour enseigne « Hôtel Arc-en-Ciel ».

Un mois plus tard, avant de reprendre le chemin des États-Unis, elle convoque tous les corps de métier pour une ultime réunion de mise au point. Au bout d'une heure, tout le monde est d'accord. Quand elle reviendra, après neuf mois, tous les travaux seront terminés...

C'est donc l'espoir au cœur qu'elle reprend le bateau à bord duquel elle traverse à nouveau l'Atlantique. Elle donne plusieurs spectacles dans les environs de New York, puis se produit au Roxy, près de Broadway. Elle y retrouve un soir Roger Rico, l'un de ses amis, qui est alors la vedette de *South Pacific*, la comédie musicale du moment. Ils tombent dans les bras l'un de l'autre, et il l'invite à souper au Stork Club, l'un des clubs privés les plus chics de la ville. À l'entrée, un chasseur barre la route à Joséphine, mais la laisse passer lorsque son cavalier explique qu'il a retenu une table. Alors que ce dernier est servi tout à fait normalement, elle attend en vain la salade de crabe et le steak qu'elle a commandés. Au bout d'une demi-heure, on lui annonce que ces plats ne sont plus disponibles pour elle. Furieuse devant ce qui est, de toute évidence, une brimade raciste, une humiliation de plus, elle se dirige vers la cabine téléphonique et demande à l'un des responsables de l'Association, dont elle est le porte-drapeau, de faire constater immédiatement par huissier qu'on refuse de la servir dans un restaurant parce qu'elle est noire.

Le lendemain, l'information figure en bonne place en première page de tous les journaux. La radio et la télévision s'emparent de l'affaire. Joséphine reçoit des menaces de mort. On l'attaque sur une vie privée jugée « scandaleuse », on la traite de « fasciste ». Certains n'hésitent pas à affirmer qu'elle est « l'ennemie de sa propre race ». Chaque fois, elle réplique avec force, au désespoir de son producteur qui craint que tout ce qui se dit autour de ce sujet ne finisse par se retourner contre elle. Les propriétaires de certains clubs où elle doit se produire lui ont téléphoné : si Joséphine ne met pas un terme à la polémique, ils se verront dans l'obligation d'annuler le contrat. Ils savent en effet que, au lendemain du passage de la chanteuse, ils ont toutes les chances de subir les foudres du Ku Klux Klan, extrêmement puissant, et de voir leur établissement détruit par une bombe venue d'on ne sait où... N'oublions pas qu'il faudra attendre mai 1954, pour qu'un arrêt de la Cour suprême, *Brown and Al. V. Board of Education,* reconnaisse le principe *séparés mais égaux* dans l'enseignement public comme contraire à la Constitution et condamne par là même la ségrégation scolaire. Déségrégation scolaire par la suite régulièrement bafouée dans le Sud puisque la garde nationale devra même intervenir — comme en septembre 1957 à Little Rock en Arkansas — pour faire respecter le libre accès d'enfants noirs à l'école publique.

Joséphine n'écoute aucun des arguments utilisés par ses détracteurs : « Hitler ne m'a pas fait peur. Le Stork Club non plus », lance-t-elle un jour pour couper court à toute discussion. Deux mois plus tard, tous les contrats prévus sont annulés. Le producteur est désespéré. Joséphine, qui vient de perdre une fortune, ne semble pas traumatisée.

Elle soutient même que si on l'attaque autant à propos de ce qu'elle considère comme son idéal, c'est qu'elle est sur la bonne route. Elle sait maintenant que, bien au-delà de la chanson et de la danse, la lutte contre le racisme est en train de devenir le combat majeur de son existence. Le problème devient tellement crucial aux États-Unis que certains osent affirmer, lorsqu'ils évoquent ce sujet : « La seule différence entre Hitler et les hommes politiques américains qui s'expriment sur la ségrégation, c'est qu'Hitler ne cachait pas son jeu. » Joséphine n'atteint pas de tels extrêmes. Elle mène la lutte avec une légèreté et un sourire qui correspondent à son image.

Elle décide de rayer, momentanément, la carte des États-Unis de son esprit. On l'attend dans d'autres pays, à commencer par l'Amérique du Sud, où l'on est beaucoup moins à cheval sur les problèmes de couleur de peau. Elle se rend ainsi au Brésil où elle chante devant un public de toutes les couleurs. Elle affirme alors avoir trouvé un paradis terrestre correspondant à son idéal, et fait de Rio « une ville symbolisant l'avenir du monde, le vivant symbole de la démocratie ».

En février, elle se rend à Cuba, où elle s'attend à être fêtée une fois encore. Sa surprise est à la hauteur des événements qui se sont produits en mars 1952. À la suite d'un coup d'État, Fulgencio Batista — qui avait abandonné la présidence en 1944 — est redevenu le maître du pays. Son pouvoir a été reconnu par les Américains et il agit en véritable dictateur, avec l'aide de la pègre dont un des chefs, Mayer Lansky, est son plus proche collaborateur !

Le temps n'est donc plus à la fraternité entre Blancs et Noirs, bien au contraire. Joséphine commence par apprendre que son contrat dans un grand cinéma de La Havane, où elle a déjà triomphé, a été annulé sine die, sans aucune explication. On lui interdit ensuite l'entrée de l'hôtel où une suite lui a été théoriquement réservée. Elle fait le pied de grue dans le hall, pendant une dizaine d'heures, sans obtenir satisfaction, et finit par être hébergée dans un établissement plus modeste. Soutenue par la population noire, elle parvient à convaincre le directeur d'un cinéma de quartier de l'engager pour un soir. Il accepte, sans pouvoir imaginer ce qui l'attend : à partir de cet instant, il va crouler sous les menaces en tout genre. On lui conseille d'annuler la représentation sous peine de fortes représailles, mais il tient bon. Joséphine chante, fait un triomphe et, dans le couloir qui la ramène à sa loge, elle est arrêtée par quatre policiers, revolver au poing. Elle leur demande de rengainer leur arme, tout en précisant qu'ils n'ont pas à craindre de riposte de sa part puisque sa seule arme, c'est son cœur. Détenue au quartier général militaire, on lui demande, menaces à l'appui, de signer une attestation sur l'honneur par laquelle elle reconnaît être présente sur le sol de Cuba pour mener des activités antidémocratiques, et recevoir des mensualités de Moscou en récompense de son combat. Elle refuse catégoriquement. Elle sait qu'elle n'a rien à craindre. Dans les heures qui ont précédé le spectacle, sachant, grâce à des informateurs, qu'elle risquait d'avoir des ennuis avec les autorités, elle a mobilisé ses troupes, c'est-à-dire quelques relations sûres dans le pays, à commencer par des personnalités relais au sein de la communauté noire et l'ambassadeur de France en personne. Dans la nuit, jusqu'au petit matin, les protestations fusent de toutes parts. Joséphine, en garde à vue jusqu'à l'aube, est libérée tandis que les journaux non seulement cubains mais aussi américains évoquent cette arrestation. Devant la pression populaire, le pouvoir fait marche arrière. Le lendemain, un entrefilet de quelques lignes précise que l'arrestation de Joséphine relève d'une erreur commise à la suite d'une dénonciation calomnieuse. L'affaire est classée sans suite.

Même si elle ne l'avoue pas, Joséphine, pour la première fois de sa vie, est inquiète. Elle sait désormais que son combat contre toutes les formes de racisme risque de lui coûter très cher. Elle fait toutefois confiance à sa bonne étoile, qui, une fois encore, elle en a l'intime conviction, ne l'abandonnera pas…

La tribu Arc-en-Ciel

Le combat contre le racisme est devenu, pour Joséphine, celui de tous les instants. Elle ne manque pas une occasion de s'exprimer sur ce qu'elle considère comme le principal fléau de l'humanité. Le 2 juin 1953, elle fait partie des huit mille privilégiés venus du monde entier pour assister au couronnement de Sa Majesté, la Reine Elizabeth II d'Angleterre. À la sortie de la cérémonie, sur le parvis de la cathédrale de Westminster, un groupe de Noirs s'avance vers elle pour lui offrir un modeste bouquet de fleurs, fraîchement cueillies. Comprenant que ce n'est pas l'artiste qui se trouve ainsi honorée, mais la femme qui défend ses frères et sœurs de couleur, elle essuie une larme.

Le lendemain, elle assiste, au Parlement britannique, à un débat sur la situation du peuple noir en Afrique du Sud. Depuis la victoire, en 1948, du Parti national afrikaner, l'Afrique du Sud a mis sur pied une politique systématique d'apartheid. Bien que très largement minoritaire, la communauté blanche détient tous les pouvoirs et fait régner la terreur dans la population noire. Des députés se succèdent à la tribune pour manifester leur inquiétude, voire leur indignation. Certains proposent des solutions, allant du boycott du pays si la situation n'évolue pas, à un soutien de la communauté internationale à la population noire d'Afrique du Sud. Joséphine écoute les échanges avec passion, même si elle sait qu'aucune de ces idées n'a la moindre chance d'être adoptée. Dans les allées, quand elle croise quelques-uns de ces hommes politiques, elle les assure de son soutien et insiste pour qu'ils fassent appel à elle s'ils ont besoin de son aide pour lutter contre toutes les formes de discrimination. Ses interlocuteurs, flattés, sont néanmoins surpris par cet acharnement qu'ils n'attendaient pas de la part d'une artiste. Certains se demandent même si elle n'en fait pas un peu trop, et si elle n'utilise pas cette cause à des fins de publicité personnelle. Quand on lui rapporte ce genre de réaction, elle hausse les épaules : « Cela signifie juste qu'ils ne connaissent pas vraiment Joséphine », dit-elle simplement en soupirant.

Le 28 décembre 1953, elle revient officiellement sur le sujet, devant des journalistes, à la fin d'une conférence qu'elle donne à Paris, au Palais de la Mutualité, à la demande de la Ligue Internationale contre le Racisme et l'Antisémitisme (LICRA). Elle affirme haut et fort qu'elle s'engage à participer, entre deux tournées, à tout événement pouvant faire, comme disent les fonctionnaires, « avancer le dossier ». Elle ne cache pas sa crainte de voir, sur ce thème, le monde plonger dans une guerre qui pourrait se révéler encore plus dramatique que celle qui vient de s'achever.

Notons au passage qu'elle ne sera guère entendue, tout comme les tenants de l'égalité raciale en Afrique du Sud. Bien au contraire. Petit à petit, la politique d'apartheid, fondement officiel de la politique de Pretoria, se durcit : renforcement des lois de développement racial séparé, création des bantoustans, territoires dotés d'une certaine autonomie, entassement de la population noire ouvrière dans les townships...

Pour le reste, Joséphine s'est montrée plutôt discrète durant cette année 1953. Elle a passé l'été aux Milandes pour superviser de nouveaux travaux d'aménagement, parmi lesquels la rénovation des chambres réservées aux enfants qu'elle a décidé d'adopter. Des lits, des placards, des petites chaises ont été installés. Les démarches auprès des autorités, entamées à l'occasion de son passage dans l'un ou l'autre des pays où elle a chanté depuis deux ans, ont enfin abouti. Après une longue discussion avec Jo Bouillon, elle a finalement choisi de limiter à cinq le nombre d'orphelins dont elle prendra en charge le destin : « Il y aura, dans ma tribu Arc-en-Ciel, un bébé français pour représenter la race blanche, un Israélite, un Noir, un Indien et un Japonais », précise-t-elle lorsqu'elle évoque le sujet.

Au début de l'année 1954, lorsqu'on lui propose de participer à Tokyo à un congrès contre le racisme, elle n'hésite pas un instant. Elle accepte l'invitation et prend contact, en même temps, avec une de ses amies, Miki Sawada, l'épouse de l'ex-ambassadeur du Japon en France. Les deux femmes se sont régulièrement croisées au hasard de réceptions sous des lambris dorés et, petit à petit, ont commencé à aborder des sujets très personnels, parmi lesquels celui de l'adoption. Émue par le désir profond de devenir mère affiché par Joséphine, Miki Sawada se porte volontaire pour l'aider dans les démarches. Et elle tient parole.

Quelques jours après son arrivée, la future heureuse maman se rend dans un village d'accueil proche du centre de Tokyo, où les orphelins de guerre coulent les jours les moins malheureux possibles. Elle se retrouve entourée de bambins ne sachant pas toujours marcher ou parler, qui veulent la toucher, l'embrasser, jouer avec elle. Elle répond à toutes les sollicitations par une caresse, un sourire ou un baiser. Au cœur de cette foule de bambins, elle est aussi heureuse que perplexe. Il lui faut en effet choisir l'un d'entre eux, alors qu'elle aimerait devenir la maman de tous ces petits. Son choix se porte finalement sur le plus petit de la meute. Il s'accroche à ses jambes de toutes ses forces et elle ne parvient pas à le repousser. Décidant finalement de le garder auprès d'elle, elle annonce, avec fierté et émotion : « C'est celui-ci que j'ai choisi. »

Elle apprend alors qu'il se prénomme Akio. Âgé d'environ dix-huit mois, il est le fils d'un Américain et d'une Coréenne, laquelle l'a abandonné parce qu'elle n'avait pas d'argent pour l'élever. On a retrouvé le bébé, âgé de deux mois, sur un trottoir, caché sous un parapluie. Ce qui lui a sans doute sauvé la vie.

Les formalités d'adoption sont alors extrêmement simples. Joséphine signe quelques imprimés et s'engage ainsi à assumer toutes les responsabilités liées à l'éducation de son fils. Elle s'apprête à repartir lorsque, dans le jardin, son regard se trouve attiré par les yeux d'un autre enfant. Il semble aussi malheureux que fermé sur lui-même et, dans son regard, elle croit lire « ne me quitte pas ». Elle interroge l'un des responsables sur ce bébé tout petit, qui ne doit pas avoir plus d'un an. Elle apprend qu'il se prénomme Teruya. Son père est sans doute un soldat de l'armée américaine qui a fauté avec une Japonaise. Elle apprend aussi que le bambin n'aime vivre qu'au milieu des arbres et pleure dès qu'on l'oblige à rentrer dans la maison : « Je l'emmène aussi, s'exclame-t-elle. Nous avons trois cents hectares aux Milandes. Quand il sera grand, il pourra se promener tout à loisir. Je n'aime pas beaucoup son prénom. Ça fait fille plutôt que garçon. Je l'appellerai Janot. »

Les responsables de l'orphelinat ne s'opposent pas à sa décision. Ils ont été préalablement avertis que lorsque Joséphine a une idée en tête, quand elle a décidé quelque chose, personne n'a la moindre chance de la faire revenir sur sa décision. Et personne n'a vraiment intérêt à essayer, sous peine de fortes représailles. On lui fait néanmoins remarquer qu'élever deux enfants nécessite deux fois plus d'efforts, et on l'interroge sur la réaction de Jo Bouillon lorsqu'il va apprendre qu'il est deux fois papa. Elle éclate de rire et lance : « Il sera ravi ! »

Lorsqu'il accueille sa femme à Souillac, la gare la plus proche des Milandes, Jo commence par manifester sa surprise. Il demande à qui appartient le second bébé et, lorsque Joséphine lui raconte la scène par le détail, il se produit exactement ce qu'elle avait prévu. Il la regarde avec un sourire plein de tendresse et d'admiration, puis dit doucement : « Tu as eu raison de mettre les bouchées doubles. Nous allons être deux fois plus heureux… »

Le bonheur est effectivement au rendez-vous. De l'aube à la nuit tombée, Joséphine s'occupe du domaine, mais aussi de ses deux enfants. Ils se sont très vite acclimatés à leur nouvelle vie. Ils apprennent, petit à petit, à parler le français puis à lire. Ils adorent leur mère, mais aussi leur père. Joséphine ne s'inquiète donc pas lorsqu'elle annonce son intention de s'absenter pendant quelques jours, voire plusieurs semaines, le temps d'une tournée de conférences dans les pays scandinaves. Jo sait, même si elle ne l'avoue pas officiellement, que le véritable but de ce séjour est de ramener un troisième enfant… C'est ce qui se produit. À Helsinki, dans une pouponnière dépendant des autorités locales, son regard croise celui d'un minuscule bébé blond enveloppé dans une couverture. Il se prénomme Jari. Ses parents l'ont confié à l'Assistance publique parce qu'il est le dernier-né d'une famille trop pauvre pour l'élever dans de bonnes conditions. Comme la loi du pays les y autorise, le père et la mère ont accepté l'hypothèse de l'adoption. À condition, bien entendu, que l'on ne confie pas leur bébé à n'importe qui. C'est dire s'ils sont enthousiastes en apprenant que le choix de Joséphine s'est porté sur Jari. Ils sont d'autant plus rassurés que le garçon, qui s'apprête à fêter ses deux ans, âge limite pour l'orphelinat, avait toutes les chances, ou plutôt la malchance, de se retrouver dans une famille d'accueil choisie au hasard.

Joséphine revient aux Milandes, plus que jamais décidée à ne pas en rester là. Un nouveau séjour de conférences et de spectacles se trouve programmé en Amérique du Sud. Elle se rend au Mexique, puis en Colombie. Un matin, à Bogota, dans un quartier particulièrement pauvre, on lui présente une mère qui, épuisée par la maladie, sait qu'elle ne parviendra pas à élever son fils né quelques semaines plus tôt. Le bébé, d'un noir ébène, semble, en revanche, en parfaite santé. En un regard, Joséphine choisit de l'adopter. Un accord est rapidement trouvé et le bébé se retrouve quelques instants plus tard dans les bras de sa nouvelle mère. Cette dernière, aux anges, retourne à son hôtel où elle passe le reste de la journée à s'occuper du nourrisson. En fin d'après-midi, elle remarque, au pied de l'immeuble, un attroupement de femmes qui ne semblent pas faire partie de son fan-club. C'est le moins que l'on puisse dire. Joséphine découvre, non sans surprise, que l'annonce de l'adoption du bébé a fait le tour de la ville et que cela est extrêmement mal pris par la population. Une légende affirme en effet que le seul remède pour guérir de la peste quand on est blanc, c'est de boire du sang d'enfants noirs ! Et certains n'hésitent pas à propager les rumeurs les plus folles, selon lesquelles, dès son arrivée en France, le bébé serait sacrifié...

L'idée est ridicule, mais cela ne l'empêche pas de faire son chemin. À la tombée de la nuit, quelques centaines de personnes manifestent devant l'hôtel et menacent de tout casser si Joséphine persiste dans son idée de quitter le pays avec le bébé. L'hôtelier prend peur et avertit les autorités. Celles-ci ne tardent pas à rendre leur jugement. Une heure plus tard, deux représentants des forces de l'ordre frappent à la porte de la chambre de « Mme Baker » et expliquent, sans ménagement, que toute sortie de l'enfant du territoire est désormais interdite. Autrement dit, l'adoption ne peut avoir lieu. Joséphine comprend qu'il n'y a plus rien à faire, et s'effondre en larmes en voyant les policiers s'emparer du petit pour le rendre à sa vraie mère. Habituellement si virulente, elle n'a pas la force d'intervenir lorsqu'elle voit partir cet innocent auquel elle commençait déjà à s'attacher...

Le spectacle doit continuer. Le lendemain soir, après un récital triomphal devant un public de notables, elle retourne à son hôtel et voit s'avancer vers elle une femme noire très pauvrement vêtue et extrêmement intimidée. Elle tient dans ses bras un enfant enveloppé dans une couverture. La tête basse, elle parvient à expliquer qu'elle a déjà beaucoup de mal à élever sept enfants et qu'elle n'a pas les moyens de s'occuper du huitième, né quelques mois plus tôt. Comme tout le monde, elle a entendu parler de l'adoption ratée de Joséphine, et elle lui offre le bébé, sachant qu'il ne manquera de rien. Elle précise que, cette fois-ci, personne n'interviendra pour empêcher Joséphine de sauver la vie de cet enfant. Il s'agit en effet d'une démarche volontaire de la part d'une Colombienne. Dans ce cas, il est impossible, dit la loi, de s'y opposer... Joséphine, en larmes, tombe dans les bras de la pauvre femme, elle-même très émue. Elle ne demande rien en échange, car elle sait que tout se passera bien. Le lendemain, les démarches officielles accomplies, Joséphine va néanmoins lui offrir une somme d'argent, laquelle, à Paris, serait jugée relativement modeste mais qui, à Bogota, semble suffisante pour acheter une maison où les sept autres enfants de la pauvre femme mèneront une existence décente.

L'enfant est prénommé Luis. Il s'agit d'un clin d'œil à celui à qui elle a demandé de devenir le parrain, Luis Mariano. Le ténor, alors au sommet de sa gloire grâce aux comédies musicales composées par Francis Lopez, *La Belle de Cadix* et

Mexico, accepte sans hésiter. Il ne viendra pas souvent aux Milandes, mais ne manquera jamais de souhaiter un bon anniversaire ou un joyeux Noël à son filleul.

La quête de Joséphine se poursuit. Elle revient d'une tournée au Canada avec un enfant de trois ans prénommé Jean-Claude et annonce qu'il ne sera pas le dernier. Jo ne manque pas de s'étonner. Elle avait l'intention d'adopter cinq enfants de race différente, et elle a atteint ce chiffre. « Et alors ? réplique Joséphine. J'ai fait installer six petits lits. Il y a encore de la place pour un petit Indien. »

Elle précise qu'elle a entrepris, lors de son voyage au Canada, les démarches nécessaires pour son adoption, mais que le processus est extrêmement long. Elle n'aura donc pas de réponse officielle avant plusieurs mois…

Jo Bouillon est atterré. Il sait, d'instinct, que Joséphine ne s'arrêtera pas en si bon chemin… Ou plutôt en si mauvais chemin. Chargé de tenir les finances, il craint que la situation aux Milandes ne devienne par trop préoccupante. Les travaux ont coûté extrêmement cher et les dégâts financiers provoqués par l'annulation des trois années de tournée aux États-Unis n'ont jamais été vraiment réparés. Jo décide d'en parler à Joséphine, qui le renvoie dans ses cordes avec la force d'un champion de boxe. Pour elle, faire des sacrifices pour maintenir les budgets à flot n'est pas un problème. L'essentiel étant fait, il ne reste plus en somme qu'à gérer le quotidien.

Son mari tente de préciser que les charges quotidiennes sont justement immenses, comme le domaine... Pour faire vivre l'ensemble, près de soixante-dix personnes travaillent tous les jours, parfois la nuit. Il y a maintenant des dizaines de chiens, d'innombrables animaux parmi lesquels plus de sept cents poulets. Tout cela coûte cher, très cher... D'autre part, l'entretien du château Renaissance des Milandes, considéré comme une merveille d'architecture néo-gothique, est un véritable gouffre financier.

Joséphine ne veut rien entendre. À ses yeux, de telles préoccupations relèvent du détail sordide. Elle lui rappelle que le but final est de faire des Milandes un centre touristique unique dans la région et, sans doute, en France. Pour l'instant, il y a du monde pendant le week-end, mais le reste de la semaine, c'est plutôt le « calme plat ». Il faut du temps, certes, pour créer une véritable dynamique économique. Mais Joséphine est certaine que le temps joue pour elle et qu'un jour, pas si lointain, elle affichera complet — comme au music-hall.

Elle refuse donc de se laisser arrêter par la moindre question pratique lorsqu'elle est en train d'avancer, pas à pas, vers ce qu'elle considère comme le vrai but de sa vie. Et s'il est encore nécessaire d'investir, de dépenser, il ne faut pas hésiter. Elle affirme ainsi à Jo qu'il faudrait songer, pour faciliter le tourisme, à aménager une piste d'atterrissage réservée aux hélicoptères. Il l'écoute, sans répondre, sans la contrer. Il sait que c'est financièrement impossible, mais ne répond pas. Il est parfaitement conscient qu'il entrerait dans un débat où elle parviendrait toujours à avoir le dernier mot.

Il ne la contre pas plus lorsqu'elle décide de rendre hommage, à sa manière, à l'État d'Israël, dont la construction est, pour elle, un tournant de l'histoire du vingtième siècle. Elle se rend à Jérusalem d'où, grâce à la complicité des autorités, elle va ramener dans ses bras un bébé de neuf mois prénommé Moïse.

Comprenant que Joséphine est entrée dans une forme d'escalade, Jo tente de la convaincre de mettre un terme à ses adoptions. Ils ont désormais six enfants à élever. Il s'agit d'une charge financière et morale suffisamment lourde pour ne pas en rajouter de nouvelles.

« Je reconnais que la charge est immense, mon amour, lance-t-elle à Jo, avec un grand sourire. Mais crois-tu que je t'aurais épousé, si j'avais imaginé que tu n'étais pas de taille à la mener à bien ? »

Les adieux à Paris

21 mars 1956... Il n'y a plus le moindre strapontin libre dans la salle de l'Olympia. Le Tout-Paris au grand complet n'a pas voulu manquer la première de l'ultime série de récitals de Joséphine Baker. Cette rentrée à Paris, dans le music-hall dirigé depuis deux ans par Bruno Coquatrix, est en effet la dernière. Elle s'en est expliquée très simplement quelques jours plus tôt devant les journalistes. Elle va avoir cinquante ans et estime qu'elle se doit d'arrêter en pleine gloire, afin de ne pas mener le combat de trop. Elle veut partir sur un triomphe, laisser une bonne image d'elle-même. C'est ainsi qu'elle donne son maximum, chante et danse devant une salle qui la rappelle sans cesse et la supplie de ne pas partir. Elle reprend ses plus grands succès, à commencer par l'incontournable *J'ai deux amours* qu'elle interprète sur de nouveaux arrangements. Elle danse avec une énergie digne de ses débuts et affiche ainsi, sur le plateau, vingt ans de moins que sur l'état civil.

Au final, elle remercie la salle debout et s'exclame : « J'ai chanté ce soir pour Paris qui m'a faite ce que je suis, et j'ai dansé en pleurant... »

À l'instant où le rideau rouge va se refermer, un spectateur jaillit du fond de la salle et bondit sur scène pour lui offrir un bouquet. Il est noir et la remercie de tout ce qu'elle a entrepris pour aider les siens à ne plus subir le racisme. Elle ne pouvait espérer plus belle conclusion.

Le lendemain matin, les critiques sont unanimes. On l'encense de toutes parts. Jean Cocteau, qui fait partie de ses inconditionnels, parle en particulier de « la prière de son œil d'antilope qui a demandé qu'on la laisse libre ». Il compare le monde du spectacle à un piège placé quelque part dans une forêt vierge, et auquel elle a définitivement choisi d'échapper.

À l'exception du poète, dont elle connaît l'admiration sincère et qu'elle aime profondément, Joséphine n'est pas dupe de cette forme de reconnaissance. Elle a le sentiment qu'on la porte aux nues parce qu'on sait qu'elle ne reviendra plus. Elle précise que, après la dernière représentation fixée au 10 avril, elle rejoindra les Milandes où elle a l'intention de poser définitivement ses valises. Elle tient à ce domaine plus qu'à tout et veut voir grandir ses six enfants, et les autres à venir car elle compte élargir sa petite famille. Elle a aussi compris que pour faire venir les touristes elle se doit d'être plus présente, au quotidien, en Dordogne.

Bien entendu, certains ne manquent pas de hurler à la publicité mensongère. Le coup des adieux, ce n'est pas la première fois qu'elle le fait, et elle n'est pas la seule. Les mauvaises langues affirment que ce n'est peut-être pas la dernière. Histoire de leur donner tort, elle organise, au lendemain de son retour aux Milandes, une opération où toute la presse est conviée. Devant les journalistes et photographes installés à l'entrée du château, elle ouvre les malles contenant les robes de scène qu'elle a soigneusement conservées et les distribue aux habitants des villages des alentours, invités eux aussi. Une heure plus tard, cette forme de pillage volontaire est terminée. Joséphine constate, avec surprise, que quelques tenues n'ont pas trouvé preneurs. Le sourire aux lèvres, elle s'empare d'une boîte d'allumettes et transforme ce lot de vêtements en feu de joie. Elle invite même les enfants du village à danser la farandole autour de ce foyer improvisé. Cette fois-ci, il semble bien que sa carrière soit définitivement terminée…

La tournée d'adieux

Que la vie est douce sur les bords de la Dordogne. Levée tôt, couchée tard, elle court du poulailler à la chambres des enfants, supervise les aménagements et surveille la courbe des entrées. Elle se produit de temps à autre à la Guinguette, la salle de bal qu'elle a fait aménager au bord de la Dordogne. Elle salue le public, essentiellement composé de touristes, parmi lesquels beaucoup d'étrangers. Et, lorsqu'on se lamente en lui demandant pourquoi elle a décidé de mettre un terme à sa carrière, elle évoque les moments de bonheur que représentent les goûters en famille ou les dîners où l'on se raconte la journée, où l'on parle des animaux ou des fleurs et des arbres qui viennent d'être plantés.

Un matin, au petit déjeuner, profitant d'un court moment de tête-à-tête avec sa femme, Jo Bouillon la regarde fixement dans les yeux. Il sait que depuis plusieurs semaines des propositions de récitals exceptionnels parviennent du monde entier. Elle a envie d'y répondre favorablement, mais se dit qu'après toutes les annonces et même le

« feu de joie » devant le château elle ne peut pas se permettre de revenir sur sa décision. Jo, qui a deviné le fond de sa pensée, lui glisse une suggestion à l'oreille. Si elle a dit « au revoir » à Paris, elle n'a pas fait la moindre « tournée d'adieux ». Personne ne pourra lui reprocher de jouer ainsi les prolongations. Financièrement, ce serait une excellente opération pour le domaine, donc pour les enfants... Comment résister à ce dernier argument ? Quelques jours après, Joséphine fait sortir du grenier quelques malles qu'elle avait choisi de préserver des flammes, allez savoir pourquoi...

L'été 1956 débute donc par une tournée internationale qui s'achève, à l'automne, en Algérie. Certains lui ont déconseillé de se rendre à Alger où la guerre civile bat son plein. Après l'envoi du contingent, après le vote des « pouvoirs spéciaux », en mars, les paras de Massu recourent à des méthodes d'une brutalité inouïe, dont la torture. Bien entendu, Joséphine n'en fait qu'à sa tête et n'a nullement l'intention d'annuler cette étape. Elle a traversé tellement d'épreuves que la peur ne fait pas partie des critères qui lui font choisir un pays plutôt qu'un autre.

Le spectacle, ponctué de rafales de mitraillettes que l'on entend au loin, est un triomphe. La soirée se termine par un dîner officiel où elle entend parler de deux bébés qui ont miraculeusement échappé, quelques heures plus tôt, au massacre de Palestro, nom donné à l'embuscade tendue par le FLN et durant laquelle dix-huit jeunes appelés ont trouvé la mort après avoir été sauvagement mutilés : yeux crevés, corps vidés de leurs entrailles et bourrés de cailloux, testicules coupés, pieds zébrés de coups de couteau… « La gravité de mes constatations comme la douleur des familles m'ont fait un devoir de ne pas faire état des atrocités que je ne veux ni oublier ni révéler », rapporte un témoin ayant participé à l'examen médico-légal des cadavres…

Deux nourrissons, dissimulés derrière un cactus, ont donc échappé à la fusillade mortelle. Ils ont été recueillis par des soldats qui cherchent maintenant à leur trouver une famille. L'un des convives, croyant faire une boutade, reconnaissons-le des plus sinistres, suggère à Joséphine d'ajouter ces deux petits êtres à sa tribu Arc-en-Ciel ! Elle ne prend pas ces propos sur le ton de la plaisanterie. Elle était justement en train d'y songer…

C'est ainsi que, quelques jours plus tard, elle débarque à la gare de Toulouse avec deux nouveaux enfants. Jo manque de souffle lorsqu'elle lui présente Brahim et Marianne… Il n'est pas au bout de ses surprises. D'une série de spectacles en Côte-d'Ivoire, elle revient avec un nouveau-né prénommé Koffi. Sa mère est morte quelques heures après sa naissance, et le père présumé a disparu sans laisser de traces. Dieu a voulu qu'elle visite l'hôpital au moment où l'on cherchait une famille pour le bébé. Elle s'est portée volontaire sans hésiter.

Jo n'ose plus rien dire. Il est de plus en plus inquiet et ne sait pas comment convaincre Joséphine de modérer ses ardeurs. La situation financière des Milandes est en train de devenir catastrophique. Les recettes provenant du marché touristique sont bonnes, mais ne parviennent pas à compenser les dépenses dues à des travaux somptuaires engagés par Joséphine lors de chacun de ses passages entre deux tournées. Un jour, il tente d'expliquer que le plan original, qui prévoyait un retour sur investissements au bout de quelques années, n'est plus d'actualité. Au lieu d'attendre que les premières dettes soient comblées par les rentrées d'argent, elle a décidé unilatéralement d'agrandir le trou. De plus, elle engage puis renvoie sans délai, sur un coup de tête, les membres du personnel, ou les orchestres chargés de l'animation. Des contrats ayant été signés avec eux, Jo se fait un devoir de les dédommager sur-le-champ.

Autrement dit, ce qui aurait pu se révéler comme une excellente affaire au bout de quelques années est devenu un gouffre financier que plus rien ne saurait combler. Joséphine, furieuse, incapable de voir la vérité en face, demande le divorce. Alors qu'elle se trouve en tournée dans un pays lointain, Jo reçoit, un matin, une lettre d'avocat qui le plonge dans une tristesse affreuse. Il a le sentiment de vivre un véritable gâchis, de tout perdre alors que le couple avait en mains toutes les cartes lui permettant de gagner. Le moment de stupéfaction passé, son moral remonte… Il connaît sa femme par cœur, et a le sentiment profond qu'il ne doit pas prendre ce courrier trop au sérieux, qu'il demeurera sans doute sans suite.

Elle a effectué cette démarche sur l'un de ces coups de colère dont elle est coutumière, mais n'en pense pas un mot, il en est certain...

Son instinct ne l'a pas trompé. Joséphine revient de tournée sans évoquer le sujet, comme si rien ne s'était passé. Ses absences sont de plus en plus nombreuses et, quand elle est de retour, elle consacre tout son temps aux enfants. Jo Bouillon a donc à nouveau la main sur la gestion et la nouvelle organisation mise en place devrait entraîner des économies substantielles et indispensables. Cette tentative d'organisation se révèle d'autant plus incontournable que Joséphine revient d'une série de récitals au Venezuela avec un enfant de plus dans les bras. Il s'appelle Mara et elle l'a recueilli dans des circonstances très insolites. Dès son arrivée à Caracas, elle a expliqué aux journalistes qu'elle souhaitait adopter un enfant d'origine indienne, parce que cette race manquait à sa tribu Arc-en-Ciel. L'information est parvenue jusqu'au chef d'une tribu souffrant de disette. Soucieux de perpétuer sa race, il a accepté que son petit-fils parte avec Joséphine, afin qu'il soit élevé en Europe et revienne un jour au village en pleine santé. Le bébé souffre de dénutrition, et il est évident qu'un long séjour aux Milandes devrait lui permettre de grandir normalement.

Il y a désormais dix enfants dans la tribu Arc-en-Ciel. Soit cinq de plus que prévu à l'origine. Connaissant parfaitement Joséphine, Jo se dit qu'il n'en a peut-être pas fini avec les surprises...

Paris mes amours

Un matin de 1959, le sourire aux lèvres, Joséphine annonce à Jo qu'elle a donné son accord à Bruno Coquatrix. Elle va faire sa rentrée à l'Olympia. Le musicien manque de tomber de sa chaise. N'a-t-elle pas fait ses adieux définitifs à cette scène trois ans plus tôt ? Comment peut-elle imaginer un seul instant songer à un retour ? Même s'il lui arrive de raconter n'importe quoi avec le plus grand aplomb, il est des limites qu'il est impossible de dépasser. Elle balaie l'argument d'un geste. Elle ne revient pas sur cette scène parisienne mythique pour chanter ses plus grands succès, mais pour être la vedette d'une revue dont le titre *Paris mes amours* est emprunté à une chanson spécialement créée pour le spectacle. Jo lui répond, en souriant, que tout cela n'est peut-être pas forcément très crédible. Elle le sait, au plus profond d'elle-même, mais ne l'avoue pas, bien entendu. Elle finit par trouver ce qu'elle considère comme la solution idéale. Bruno Coquatrix présentera sa rentrée comme une « opération de sauvetage ». C'est pour empêcher la disparition des

Milandes, menacées par un dépôt de bilan, qu'il va lui signer un nouveau contrat. L'idée présente un avantage supplémentaire. Le public, ému par une telle détresse, ne pourra pas ne pas se précipiter pour acheter des billets…

Jo ne se montre guère enthousiaste, mais considère que, après tout, présenter ainsi les choses est sans doute la meilleure solution. Coquatrix accepte de jouer le jeu et la rentrée de Joséphine Baker à l'Olympia est annoncée pour le 27 mai 1959. Certains journalistes ne manquent pas de se moquer de ces « nouveaux adieux », mais le public suit et applaudit. On se précipite aux guichets, dès l'ouverture de la vente des billets. De toute évidence, les fans de toujours ne veulent pas manquer l'événement. Jour après jour, les informations filtrent au compte-gouttes. On apprend que Paul Misraki, l'un des plus grands compositeurs de son temps, lui écrit des couplets, ainsi que Marguerite Monnot, la complice favorite d'Édith Piaf depuis plus de vingt ans, qui a signé, entre autres, *L'Hymne à l'amour*. Harold Nicholas, un danseur de claquettes noir qu'elle a connu à New York, ainsi que les comédiens Jean-Marie Proslier et Fernand Sardou ont été engagés pour soutenir son rythme ou lui donner la réplique. La mise en scène de l'ensemble est confiée à Michel de Ré, célèbre pour avoir débuté dans cette activité artistique à La Rose Rouge, un cabaret très prisé à Saint-Germain-des-Prés, au temps des existentialistes. Enfin, le décor et les costumes sont assurés par un jeune créateur de talent, André Levasseur.

Pendant l'hiver, jugé par les météorologues comme « particulièrement rigoureux », Joséphine passe quelques week-ends à Paris. Rejoindre les Milandes en voiture en pleine nuit et revenir ensuite présente alors un gros risque. La neige et les plaques de verglas sont en effet très nombreuses et les accidents se multiplient. Aucun chauffeur ne voulant prendre le risque de la véhiculer, Joséphine occupe son temps libre en acceptant des mondanités qu'elle refuse le reste du temps. Le 30 novembre 1959, elle se rend ainsi au premier étage de la tour Eiffel pour un cocktail « très parisien » où elle retrouve des amis parmi lesquels un journaliste qu'elle affectionne, Jacques Février. Connaissant son amour pour les enfants, il lui raconte un fait divers rapporté le matin même par le quotidien *France-Soir*. La veille au soir, en fouillant des poubelles en bas de son modeste appartement, un homme a eu l'œil attiré par un paquet volumineux placé au pied du trottoir. Il l'a ouvert et découvert, à l'intérieur, un nouveau-né transi de froid. Il l'a immédiatement porté au commissariat d'où l'enfant a été dirigé vers l'hôpital Bretonneau. Des sages-femmes et des infirmières l'ont nourri, lavé et couché dans un berceau douillet... « Rendez-vous compte, ma chère Joséphine, ajoute le journaliste. Quelques minutes plus tard, la benne à ordures passait et le bébé se retrouvait broyé... »

Horrifiée par cette nouvelle, Joséphine laisse sur place le journaliste, se dirige en courant vers l'ascenseur, saute dans le premier taxi qu'elle trouve sur le Champ-de-Mars et se rend à l'hôpital Bretonneau. Bien entendu, on la reconnaît immédiatement. Un médecin lui confirme que le garçon est en bonne santé, mais qu'il sera dirigé, dans les jours à venir, vers un foyer de l'Assistance publique. Il n'y a pas d'autre solution puisque, en dépit de la publicité faite autour de cette affaire, personne n'est venu le réclamer. Joséphine l'interrompt tout net. Elle ne peut pas accepter cela. Avec une autorité face à laquelle il est impossible de réagir, elle exige qu'on lui remette l'enfant. Elle en élève déjà dix, elle peut aussi s'occuper de celui-là.

Le médecin tente de différer sa décision, en expliquant qu'il est d'abord nécessaire, voire indispensable, de procéder à quelque régularisation administrative. Avec un sourire désarmant, Joséphine le regarde et lui lance : « Docteur, nous verrons plus tard pour les formalités. Dieu m'a envoyé cet enfant. Savez-vous qu'on l'a trouvé devant un restaurant qui s'appelle Le Périgord ? On ne peut rêver meilleur signe quand on sait qu'il grandira désormais aux Milandes... » Le médecin abandonne la partie et donne une ultime précision à la nouvelle maman du nourrisson. Les infirmières l'ont prénommé André, parce qu'il s'agit du saint du jour.

« C'est donc ainsi qu'il s'appellera désormais », réplique Joséphine, avant de s'en aller, un onzième enfant dans les bras...

Jo Bouillon s'attendait à tout, mais pas à cela. Il n'est pas véritablement de bonne humeur lorsqu'il voit sa femme débarquer au château avec une bouche de plus à nourrir. Elle lui avait juré, quelques mois plus tôt, que le dixième enfant serait le dernier. Le moins qu'on puisse dire, c'est qu'il n'a pas envie de rire lorsqu'il entend l'abbé Tournebise, qui officie à l'église du village, lancer à l'adresse de Joséphine :

« Vous allez bientôt arriver à la douzaine ! »

Trois mois plus tard, Jo annonce à Joséphine la solution à laquelle il a commencé à réfléchir à la veille de Noël. Il est épuisé par les efforts quotidiens, et souvent inutiles, que lui procure la gestion des Milandes. Il aime Joséphine, mais il n'en peut plus. Il ne dort pas et, quand il parvient à sombrer, il commence à faire des cauchemars. Il est poursuivi par des huissiers, il voit des feuilles bleues partout, des enfants qui hurlent parce qu'on les expulse... Il propose de s'éloigner, de rentrer à Paris et demande, bien entendu, à Joséphine de le suivre. La réponse négative est celle qu'il attendait, qu'il craignait. Elle a d'autant plus envie de rester aux Milandes qu'elle ne compte plus courir le monde de récital en récital. Elle veut voir grandir de près celles et ceux qu'elle a tant désirés, de loin. D'un commun accord, on décide d'expliquer aux enfants qu'après plusieurs années pendant lesquelles maman passait des mois à l'autre bout de la planète, c'est au tour de papa de s'éloigner... pour affaires. Jo précise toutefois à sa femme qu'il n'est pas question de parler divorce. Il est un père responsable et le restera jusqu'à ce que le dernier membre de la tribu Arc-en-Ciel ait atteint l'âge de la majorité. Autrement dit, il lui reste deux décennies avant d'envisager la moindre rencontre chez un juge…

Le système « B »

Jo est rentré à Paris et vit désormais seul dans un studio, du côté de Saint-Germain-des-Prés. Aux Milandes, Joséphine s'occupe des enfants, mais aussi de tout le reste, en particulier des galas qu'elle doit assurer pour faire rentrer, dans les caisses du château, de quoi nourrir sa tribu Arc-en-Ciel. Pour cette raison, elle confie sa « marmaille » à celles et ceux qui assurent l'intendance en Dordogne et se rend en Belgique, en Allemagne, en Italie et aux États-Unis. À Chicago, elle se produit au Royal Theatre et donne une conférence sur le racisme et la fraternité universelle devant les membres du Congrès juif américain de Westchester. Le 24 mars 1960, une tempête de neige qui frappe les États-Unis l'empêche de revenir à temps à Paris pour tenir une promesse qu'elle avait faite quelques mois plus tôt : présider le gala de l'Union des artistes, à Paris. Cette manifestation donnée chaque année au Cirque d'Hiver est reconnue comme la plus prestigieuse de Paris. Des comédiens, des chanteurs et des chansonniers célébrissimes proposent, pour un soir, un numéro d'exception devant deux mille personnes qui ont donné un gros chèque, au profit d'une œuvre caritative. Retenue de l'autre côté de l'Atlantique, Joséphine va ainsi manquer un rendez-vous auquel elle tenait par-dessus tout. Cette mission lui avait été confiée par Gérard Philipe, quelques mois seulement avant sa disparition...

Au début du mois d'avril, le spectacle est terminé. Joséphine retrouve la dure réalité des Milandes. Les finances sont au plus mal, et les cachets gagnés chaque soir depuis tant de mois sont loin de permettre de combler un trou qui devient impressionnant. La situation se révèle d'autant plus dramatique que le départ de Jo n'a pas arrangé les choses. Bon nombre de commerçants à qui le couple doit beaucoup d'argent adorent Joséphine mais ne peuvent plus se permettre de lui accorder le moindre crédit. Tant que Jo était là, ils avaient l'espoir d'être réglés. Désormais, ce n'est plus le cas.

Joséphine ne perd pas le moral pour autant. Le système D ou plutôt « B » devient d'actualité. Pendant les représentations de *Paris mes amours*, elle a profité de chacune de ses venues aux Milandes pour remplir le coffre de victuailles suffisantes pour tenir pendant plusieurs mois. Le ragoût de mouton devient le plat principal, que l'on sert plusieurs fois par semaine. Elle estime en effet qu'aucun plat ne tient plus au corps lorsqu'il s'agit de tenir le choc face à la froidure de l'hiver.

Parallèlement, elle fait appel à un dernier carré de fidèles dont elle a employé, un jour ou l'autre, un enfant, un frère, une sœur ou un cousin. Elle explique que tout cela n'est qu'un mauvais moment à passer. Dès la fin du printemps, le tourisme va reprendre de plus belle, et d'innombrables visiteurs vont venir faire un petit tour du côté des Milandes. Ce sera bon pour elle, mais aussi pour celles et ceux qui travaillent dans les environs. Elle explique aussi, à mots couverts, qu'avant son arrivée aux Milandes personne ne venait en Dordogne. Si elle devait partir, ce serait dramatique pour le tourisme de la région... Ces arguments sont d'autant plus recevables que des journaux annoncent à grand renfort de publicité la réouverture du « village de la fraternité », pour le début du mois de mai.

Les résultats ne sont pas à la mesure de ses espérances. Les touristes viennent, certes, mais ce n'est plus l'affluence des premières années. On est tombé dans la routine et, pour le public, la Dordogne ne fait plus partie des destinations prioritaires. Les Milandes ne sont plus à la mode...

Joséphine connaît toutefois un jour de grande affluence. Le 18 août, dans la cour du château, le général Vallin et Jean-Pierre Bloch, deux héros de la Résistance spécialement venus de Paris, retracent sa vie avant de lui remettre les insignes de chevalier de la Légion d'honneur. Elle salue cette reconnaissance officielle de son action pendant la guerre comme le cadeau d'un pays dont elle a la fierté d'être devenue une citoyenne à part entière. Elle ajoute qu'un tel geste de la République l'encourage à tout faire pour que son « village du monde » devienne un exemple de fraternité universelle.

Au cours de cette journée, elle fait comme si tout allait bien. Elle est si bonne comédienne que les personnalités présentes ne prennent pas conscience de la réalité de sa situation. Elle est parvenue, allez savoir comment, à offrir à ses invités un buffet digne du moment exceptionnel qu'elle vient de vivre. Le lendemain, en revanche, à table, le régime « pommes de terre à l'eau » est à nouveau de rigueur.

En dépit d'une série d'économies drastiques, le trou financier s'agrandit un peu plus chaque jour. L'hiver suivant s'annonçant particulièrement difficile matériellement, Joséphine décide d'accepter une longue série de récitals en Scandinavie. Elle pose toutefois une condition : que ses enfants l'accompagnent... Elle triomphe à Stockholm et dans d'autres villes en février 1962, avant de retrouver les Milandes. C'est le printemps, et elle a en tête de nouveaux projets permettant aux Milandes de retrouver leur lustre d'antan...

Un douzième enfant

Jo Bouillon a quitté Saint-Germain-des-Prés pour un modeste appartement dans le centre d'Antony. Quand Joséphine, de passage à Paris, lui rend une visite surprise, il se dit que ce n'est sans doute pas pour lui annoncer de bonnes nouvelles. Effectivement, elle a quelque chose à lui demander. Ou, plus exactement, une proposition à lui faire. Voici plusieurs années, Jo lui a suggéré de monter *L'Arlésienne* dans la cour de la ferme du château, accompagné par son orchestre. Elle a toujours refusé, affirmant que, si elle avait été parfaitement crédible dans le rôle de la Créole, elle ne voyait pas sa place dans le chef-d'œuvre de Bizet. À plusieurs reprises, il est revenu à la charge et, chaque fois, sa réaction a été la même. Elle n'a plus envie de faire du théâtre. Mais souvent femme varie… Joséphine n'échappe pas à cette règle. Elle a maintenant une idée fixe : la programmation de ce spectacle pour un soir d'été, aux Milandes. Même si elle ne l'avoue pas, Jo comprend qu'il y a, derrière cette obsession, l'une de ces façons de faire parler d'elle dont elle a le secret. Il est évident que l'annonce d'un tel projet donnerait aux Milandes ce coup de projecteur indispensable à sa survie.

Jo résiste d'autant moins à sa femme qu'il sait que lorsqu'elle a décidé quelque chose la faire changer d'avis est mission impossible. Nantie de ce feu vert, elle ajoute, l'air faussement gêné, une précision essentielle. Les finances étant au plus bas, il est impossible de trouver le moindre centime pour payer les musiciens de Jo Bouillon, ni même pour rembourser leur voyage jusqu'en Dordogne. La seule solution est donc de remplacer la formation par la diffusion, à travers des haut-parleurs, d'un enregistrement de grande qualité de *L'Arlésienne*, dirigé par Albert Wolff, un chef dont Jo apprécie la qualité du travail. De plus, faute de moyens suffisants pour installer des micros, Joséphine interprétera le rôle en play-back, en faisant bouger ses lèvres, comme pour l'enregistrement de certaines émissions de télévision. Jo est sidéré. Il sait Joséphine capable de tout lorsqu'elle désire voir aboutir un projet. Mais là, c'est encore plus fort que d'habitude. Face à une telle détermination qui ne mérite que le respect, il s'incline. Il précise toutefois que, bien entendu, si tous ses vœux de réussite l'accompagnent, il ne sera pas là ce jour-là. Les temps sont difficiles pour lui aussi, et il n'a aucune raison de casser sa tirelire pour acheter un billet de train pour la Dordogne...

Le 25 août 1962, le public est au rendez-vous. Voilà plusieurs semaines que les journaux annoncent la rentrée de Joséphine dans un spectacle aussi unique qu'exceptionnel, *L'Arlésienne*, transposé des bords du Rhône à ceux de la Dordogne. La mise en scène a été confiée à l'un de ses amis, Max de Rieux. Disposant d'un budget quasiment inexistant, il est parvenu à faire des miracles. Il a ainsi convaincu des gardians de venir bénévolement pour traverser le village à cheval, assurant ainsi une excellente promotion à l'image de la Provence et de la Camargue. Il a fait de même avec des troupes de danseurs folkloriques et des tambourinaires qui portent la tenue traditionnelle. Moyennant le gîte et le couvert, ils jouent les figurants d'un soir.

Répété depuis le matin, le spectacle débute peu après 22 h 30, à l'issue d'une retraite aux flambeaux et d'une farandole qui ont créé l'ambiance. C'est un triomphe. Joséphine, qui n'a pas dormi depuis deux nuits, se montre étincelante. Les intonations de la voix enregistrées sur le disque ressemblant à ses inflexions habituelles, et son articulation, très travaillée, étant parfaite, personne ne se rend compte qu'elle ne chante pas réellement. Le lendemain, tous les journaux célèbrent Joséphine devenue comédienne. Bruno Coquatrix téléphone immédiatement et prend date. C'est ainsi que ce succès d'un soir va se prolonger à Paris, à l'Olympia. Annoncé à grands renforts de publicité, *L'Arlésienne* va tenir l'affiche pendant le mois de septembre, le temps de quelques représentations seulement. Hélas, dans les jours qui précèdent le début des répétitions, Max de Rieux se tue dans un accident de voiture. L'équipe, désemparée par ce drame, se retrouve livrée à elle-même, face à un défi extrêmement difficile à relever. En dépit des efforts des uns et des autres, le navire n'a plus de capitaine. Le spectacle, magnifique en décors naturels, perd beaucoup de son charme dans une salle fermée de deux mille places. De plus, la sonorisation est de mauvaise qualité, et les défauts passés inaperçus devant une foule immense deviennent soudain flagrants. Les critiques sont déplorables et, d'un commun accord, Bruno Coquatrix et Joséphine Baker décident de mettre discrètement un terme à l'aventure.

Joséphine rejoint les Milandes, dont le bilan financier demeure désespérément inquiétant. Marquée par l'échec des représentations de l'Olympia, elle se retrouve alors moralement et physiquement épuisée. Son entourage s'inquiète. Craignant le pire, certains lui recommandent de se ménager. Elle balaie leurs arguments d'un revers de manche et réplique, tout sourire, qu'elle est en pleine forme...

Elle en donne la preuve en acceptant de se produire bénévolement pour des œuvres chères à son cœur, mais aussi des galas privés dans des pays parfois lointains où elle ne passe jamais plus de quarante-huit heures. Il faut faire vivre les enfants, mais aussi s'en occuper, et les occuper. C'est ainsi qu'elle décide d'adopter une deuxième fille, afin que Marianne concrétise un souhait qu'elle exprime régulièrement : avoir une petite sœur à ses côtés. Par un ami qu'elle a connu au Maroc pendant la guerre, elle entend parler d'une orpheline née à Paris, d'une mère marocaine. Le temps de quelques démarches menées tambour battant, et le bébé, âgé de quelques mois seulement, se retrouve aux Milandes. En souvenir d'une petite Italienne qui a failli connaître le même sort, mais que sa mère a récupérée juste avant que Joséphine l'adopte, l'enfant est baptisé Stellina.

Dans l'entourage de Joséphine, la consternation est totale. Ce petit bout de chou est, certes, adorable, mais était-ce vraiment le moment d'ajouter une bouche à nourrir, alors que les autres ne mangent plus toujours à leur faim tous les jours ? Jo Bouillon est inquiet, lui aussi. Il a appris par la maman l'arrivée de ce douzième enfant qui, comme les autres, s'appelle Bouillon. Venue sans prévenir dans son appartement d'Antony, par un matin du printemps de l'année 1963, elle supplie Jo de revenir aux Milandes pour l'aider à sauver l'entreprise. À l'écoute de ce propos, il ne dissimule pas sa surprise. Sachant que sa femme a pour habitude de résoudre seule tous ses problèmes, quels qu'ils soient, il devine, entre les lignes, un appel désespéré. Profitant de cette brèche dans l'armure qu'elle s'est fabriquée, il commence à tenter de lui expliquer qu'il faudrait peut-être réfléchir à l'éventualité d'abandonner les Milandes, de vendre le tout et d'offrir ainsi, grâce à l'argent recueilli, un toit et une existence décente aux enfants. La réplique est aussi cinglante qu'immédiate. Elle conservera cette terre quoi qu'il arrive. Et personne ne pourra l'en déloger, parce que son public sera toujours là pour l'aider. Comme sa bonne étoile, il ne l'abandonnera jamais.

Face à cette obstination qu'il considère comme suicidaire, Jo prend sa respiration et énonce, sans s'arrêter, à haute et intelligible voix, douce mais ferme, la seule solution qui lui paraît encore viable : trouver un partenaire qui réglera les dettes et assurera la commercialisation de l'ensemble, afin de rendre l'affaire rentable. Deux hôtels, un golf miniature, un court de tennis, des terrains de sport, des écuries, et un musée de cire consacré à la carrière de Joséphine, ça vaut de l'argent, et cela devrait intéresser des investisseurs. Avant même qu'il ait eu le temps de reprendre sa respiration, Joséphine réplique, sans appel, qu'elle ne veut pas entendre parler de « commerce » dans une aventure à laquelle elle a tout donné. Si quelqu'un l'aide, ce ne sera pas l'un de ces horribles « marchands » qu'elle déteste profondément, mais le public, fait de tous, ces gens qui ont du cœur. Eux trouveront le moyen de la sauver. Elle en est persuadée, au plus profond d'elle-même. À cet instant précis, Jo baisse les bras. Il sait que tout est perdu. Joséphine a plus de cinquante ans mais, mentalement, elle dépasse à peine l'âge de Stellina. Artistiquement, c'est un immense atout. Au quotidien, c'est un drame. Elle s'est toujours battue seule, parfois contre la terre entière, avec succès. Cette fois-ci, la lutte est inégale et, de toute évidence, le combat est perdu d'avance. Il ne voit plus qu'une solution : prier pour qu'une fois encore Dieu vole à son secours…

Alertes en tout genre

Une fois encore, Joséphine se retrouve désespérément seule. Jo Bouillon a quitté la France, sans espoir de retour. Afin de gagner sa vie, il a accepté de prendre la direction d'un restaurant français à Buenos Aires. L'affaire, qui lui a été proposée par un ami, semble saine et sans risque. Fidèle à sa promesse, il n'a pas demandé le divorce avant de partir. Il continue donc à prendre des nouvelles des enfants, mais aussi de Joséphine. Nous sommes à l'automne 1963, et les informations qui lui parviennent des Milandes sont alarmantes. Les touristes brillent de plus en plus par leur absence, et les galas donnés par Joséphine ne rapportent même plus de quoi nourrir sa maisonnée. Les demandes se font rares et les plus prestigieuses sont, pour la plupart, purement honorifiques. On demande à Joséphine, dont on connaît la générosité, de chanter au profit d'une œuvre. Elle accepte toujours, afin de ne pas trahir sa réputation, voire sa légende. Une soirée à Copenhague en juin 1963, à l'occasion du Festival des Travailleurs, un récital sur le parvis de l'Hôtel de

Ville de Paris, au mois d'août, pour commémorer le vingtième anniversaire de la libération de la capitale, ont seulement augmenté son « capital notoriété ».

Au mois de novembre 1963, elle retrouve New York, où elle donne des conférences sur le problème du racisme, qui lui tient plus que jamais à cœur. Elle assure aussi une courte série de représentations au Schubert Theater, au Brooks Aktinson, à l'Henry Miller Theater, et au Carnegie Hall. Le 22 novembre, dans les coulisses de la salle la plus prestigieuse des États-Unis, elle apprend que John Kennedy vient d'être assassiné à Dallas. « Le monde bascule », s'exclame-t-elle, horrifiée, avant d'annoncer sa décision de se rendre à Washington, afin d'assister aux obsèques d'un président qui a tant fait pour la cause qu'elle défend de tout son cœur.

Pendant ce temps, aux Milandes, rien ne va plus. La plupart des factures chez les commerçants restent impayées et, quand l'argent vient à rentrer, certains membres du personnel en profitent pour se servir en priorité. Les rumeurs d'une faillite prochaine de Joséphine Baker commencent à se propager dans la région, mais aussi jusqu'à Paris. La principale intéressée dément d'un geste, avec un sourire désarmant, des propos qu'elle met sur le compte de la calomnie. Elle craint par-dessus tout la réaction des enfants s'ils venaient à apprendre que tout ne va pas aussi bien que leur maman se tue à le leur répéter. De ses voyages, elle rapporte, pour ses chérubins, des disques à la mode dans les pays qu'elle traverse. Ils les écoutent pendant des heures sur l'électrophone familial.

En avril 1964, l'infatigable Joséphine retrouve l'Olympia pendant trois semaines. Sur scène, comme en coulisses, elle affiche un visage marqué par les épreuves, les soucis, les déplacements incessants. Cela ne l'empêche pas de continuer à sourire, à chanter, à danser, à répondre aux solliciteurs d'autographes, moins nombreux que jadis à l'attendre devant l'entrée des artistes, à la fin des représentations. Comme jadis, elle profite de ses jours de relâche pour rejoindre les Milandes. Elle s'envole ensuite pour New York, puis revient en France pour ce qu'elle considère comme son ultime combat. En son absence, les huissiers sont venus au château et ont répertorié tout ce qui pouvait être susceptible d'être vendu. Les meubles, les tableaux, les armoires, les ustensiles de cuisine ou le matériel agricole figurent sur cette longue liste.

À l'annonce de ce qu'elle considère comme une intrusion inadmissible dans sa vie privée, Joséphine décide de tout entreprendre pour tenter de sauver ce qui peut l'être. Elle veut alerter tout le monde, et surtout les autres mères de famille, sur ce qu'elle considère comme un geste inadmissible, indigne de la France. Le 1er juin, elle convoque les journalistes pour une déclaration qu'elle qualifie d'importante. Les notes d'électricité n'ayant pas été réglées, le courant est coupé et le salon où elle reçoit la presse est éclairé par quelques bougies. Le regard grave, la gorge nouée, mais l'air plus déterminé que jamais, elle évoque officiellement pour la première fois ses ennuis financiers, et lit un texte dont elle a soigneusement pesé chaque mot, chaque virgule :

« Si la perte des Milandes m'oblige à constater que l'humanité ne veut pas soutenir ce que l'on fait pour elle, alors mes enfants et moi-même nous retirerons en quelque pays lointain, et nous demanderons à la solitude cette tranquillité que les hommes nous ont refusée... »

Le lendemain et le surlendemain, la presse nationale et internationale publie cette déclaration en première page. À New York, Marrakech, Rome ou Berlin, on s'indigne, on crie au scandale, on hurle « honte à la France », mais on ne fait pas le moindre geste concret pour aider financièrement Joséphine.

Le 4 juin, à la fin du journal de vingt heures de la Radiodiffusion Télévision Française, le présentateur annonce une importante déclaration de Brigitte Bardot. La star numéro un du cinéma français, dont le nom est célèbre d'un bout à l'autre de la planète, lance un appel pour que l'on sauve celle qu'elle appelle « la maman du monde ». Elle annonce en même temps qu'elle vient d'adresser à Joséphine un chèque d'un million de centimes. Elle demande aux Français de faire, eux aussi, un geste aussi symbolique soit-il.

Ces propos font l'effet d'une bombe. Dès le lendemain matin, des comités de soutien à Joséphine

Baker et aux Milandes naissent un peu partout. En France, une pétition de solidarité est signée par une foule de personnalités du monde de la politique, des arts et du sport. Les noms de François Mauriac, Antoine Pinay, Marcel Dassault, Bruno Coquatrix et Gilbert Bécaud figurent en tête de cette longue liste. Des dons, parfois extrêmement importants, arrivent par centaines au château. Yvonne de Gaulle, des ministres, des écrivains, des acteurs y vont de leur obole. Joséphine remercie B.B. pour « son grand cœur et sa générosité désintéressée ». Elle adresse à chacun des autres donateurs une carte de remerciements pour un geste si généreux qui, espère-t-elle, permettra aux Milandes de ne pas mourir.

Face à ce mouvement d'opinion, les huissiers décident de suspendre la vente. Il faut préciser que Joséphine leur a remis un chèque important, mais bien insuffisant pour combler le trou financier qu'elle a creusé pendant toutes ces années…

Le 25 juillet 1964, Joséphine s'effondre. Épuisée par la bataille menée pour sauver les Milandes, elle est victime d'une crise cardiaque. Transportée à l'hôpital Boucicaut à Paris, elle retrouve suffisamment de forces pour reprendre, dix jours plus tard, le chemin du château. Les médecins lui ont recommandé de se reposer mais, une fois encore, elle ne les écoute pas. Le mois d'août est celui où les touristes affluent, et elle se doit d'être présente pour les accueillir. C'est le moins qu'elle puisse faire, après le mouvement de solidarité de ces dernières semaines.

Les visiteurs affluent mais, en dépit de son courage, Joséphine n'est pas toujours là pour les accueillir ou bavarder avec eux. Elle qui était toujours la première à se réveiller ne parvient plus à se lever le matin. Quitter son lit pour rejoindre la salle de bains lui demande parfois des efforts démesurés. Le 24 octobre, elle est victime d'une nouvelle alerte, beaucoup moins grave, mais qui l'oblige à passer trois jours à l'hôpital en observation. Elle se repose moins que jamais. En effet, tout en se préoccupant de l'avenir des Milandes, elle surveille, de loin, l'évolution de l'élection présidentielle aux États-Unis. Lyndon Johnson, le vice-président de John Kennedy, locataire du bureau ovale depuis le 22 novembre précédent, affronte Barry Goldwater, qu'elle considère comme un « ennemi des Noirs ». Elle prend position à travers des communiqués dont la diffusion, de l'autre côté de l'Atlantique, ne manque pas de faire son effet.

L'année 1965 confirme les inquiétudes de Joséphine. L'hiver a été particulièrement rigoureux et le délabrement du château devient flagrant. La toiture est dans un état lamentable et il semble impossible d'investir un franc dans la plus modeste des réparations. Comprenant que Jo avait raison lorsqu'il parlait de « commercialisation », mais refusant de se plier à ce qu'elle considère comme une défaite inacceptable, elle lance l'idée de transformer les Milandes en un « Collège de la fraternité mondiale ». Elle part en effet du principe qu'il est impossible de changer le monde sans faire évoluer ce qui en représente véritablement la base, c'est-à-dire l'enseignement. Elle en parle à des amis avec qui elle correspond régulièrement, en Italie, en Allemagne, en Angleterre, au Danemark et au Maroc. Tous lui répondent que l'idée est géniale. Aucun d'entre eux, en revanche, ne met la main au portefeuille pour soutenir le projet. Qu'importe ! Plus que jamais certaine d'être protégée par sa bonne étoile, elle demande à Bruno Fedrigolli, l'un des plus grands architectes italiens, de dessiner les plans de cette école moderne. Flatté de travailler pour Joséphine Baker, il s'exécute sans même demander un contrat ou fixer ses honoraires.

Les plans, terminés à la fin de l'été 1965, vont demeurer lettre morte. Au mois de novembre, le domaine des Milandes est mis en adjudication. Grâce à des interventions au plus haut niveau, Joséphine parvient, une fois encore, à éviter l'exécution de cette menace.

Au début de l'année 1966, elle oublie ses soucis, le temps d'un séjour à Cuba. Officiellement invitée par Fidel Castro à la première conférence tricontinentale, elle parle de racisme, dénonce les abus des Blancs, en particulier aux États-Unis, évoque avec d'autres participants son projet de « Collège de la fraternité », chante sur un terrain de sport transformé en salle de théâtre de trois mille places, et sympathise avec celui qu'elle surnomme « Oncle Fidel » :

« J'ai une grande nouvelle pour vous, écrit-elle un matin à ses enfants. Oncle Fidel vous invite tous cet été à passer un mois à La Havane dans une superbe maison ! »

Le bonheur est de courte durée. Au lendemain de l'arrivée de la lettre, un télégramme alarmant parvient aux Milandes. Joséphine a été victime, une fois de plus, d'une grave occlusion intestinale. Rapatriée d'urgence, elle a été opérée dans la nuit. Prévenu, Jo Bouillon prend le premier avion pour la France, rejoint les enfants et embarque la tribu Arc-en-Ciel pour la capitale. À l'hôpital, ils revoient leur mère, dans un état de faiblesse particulièrement avancé, mais consciente et, une fois encore, décidée à se battre pour éviter le pire. Les médecins ne dissimulent pas leur étonnement. La force de leur patiente est telle qu'elle semble hors de danger. Il faut simplement qu'elle prenne le temps de récupérer...

« Tu ne peux pas rester avec nous ? » demandent timidement les enfants à Jo.

Le père est visiblement au bord des larmes. Il a compris que les gamins ont grandi et qu'ils sont désormais tout à fait conscients de la réalité financière familiale. Hélas, ses affaires l'attendent à Buenos Aires et il ne peut plus rien pour les Milandes. Il reprend l'avion, la gorge serrée, conscient d'un gâchis contre lequel il ne peut plus rien. Avant son départ, il a adressé à Joséphine un bouquet de treize roses accompagné d'un billet où il a simplement écrit « papa et les enfants ». En le recevant sur son lit d'hôpital, la « maman » s'est mise à pleurer...

Après une courte convalescence, Joséphine reprend d'urgence le chemin des Milandes. Une nouvelle adjudication a été lancée, et on annonce la vente du château et de ses meubles aux enchères pour le 6 mai. Elle parvient, allez savoir comment, à trouver, une fois encore, l'argent permettant d'éviter le pire. Les Milandes sont sauvées. Mais pour combien de temps ?

Le Collège de la fraternité

Août 1966... C'est la fête pour les enfants de la tribu Arc-en-Ciel. À leur arrivée à l'aéroport de La Havane, ils ont été acclamés par une population en liesse qui reporte sur eux l'admiration et la reconnaissance qu'ils éprouvent à l'égard de Joséphine. Fidel Castro a mis à la disposition de ces hôtes de marque une villa avec piscine dont la vue donne sur la mer. Dans la journée, des guides leur font visiter les environs à bord de voitures blindées, protégées par des gardes du corps. Un traitement habituellement réservé aux chefs d'État, mais qui se révèle indispensable dans le contexte d'alors. Castro sait qu'il ne manque pas d'opposants prêts à tout, y compris à enlever des enfants aussi illustres, pour tenter de le renverser. Joséphine, visiblement amusée par tout ce qui arrive, retrouve sa forme de jadis. Elle ne parle même plus des échéances qui l'attendent aux Milandes. Elle revit.

À la fin des vacances, une nouvelle surprise attend la petite famille. Ses membres ne rentrent pas directement à Paris. Ils prennent l'avion pour Buenos Aires, afin d'aller rendre visite à leur père. La joie est évidente, de tous côtés. Jo mesure son bonheur de retrouver, ou plutôt de découvrir des enfants qui ont beaucoup changé en quelques mois. Il est heureux de leur montrer le restaurant qu'il dirige dans le quartier de Palermo, les Champs-Élysées de Buenos Aires. Joséphine, elle aussi, semble en pleine forme. Les vacances à Cuba lui ont donné une nouvelle jeunesse et elle a retrouvé ses réflexes de jadis. Elle se promène ainsi dans les cuisines du restaurant de Jo comme si elle se trouvait dans celle des Milandes. Elle soulève les couvercles des marmites, goûte les sauces, vérifie la propreté de la batterie de casseroles. Visiblement amusé, Jo la regarde soudain et lui lance, doucement : « Tu vois, tout se passe bien ici. Tu pourras m'envoyer les enfants quand tu veux. Ils seront heureux... Et, si tu as besoin de quelque chose, appelle-moi. Je te rappelle que nous sommes toujours mariés. »

Joséphine conserve cette phrase en mémoire lorsque, à son retour en France, le cauchemar reprend de plus belle. Les créanciers sont revenus à la charge et, une fois encore, une menace de vente aux enchères des Milandes se profile à l'horizon. Au début du mois de novembre, Jo reçoit un télégramme où sa femme lui demande de le rejoindre d'urgence en France. Il s'exécute sans délai et retrouve à l'aéroport d'Orly une Joséphine particulièrement excitée qui l'entraîne vers une autre porte. Le couple monte à bord d'un appareil en partance pour Marrakech. À quatre mille mètres d'altitude, elle explique que le roi Hassan II, séduit par son idée de Collège de la fraternité, est prêt à mettre à sa disposition un terrain, une maison et le soutien financier indispensable à un tel projet. Pendant trois jours, Jo et Joséphine discutent avec les représentants de Sa Majesté. Un soir, en rentrant à l'hôtel, elle ne dissimule pas son vague à l'âme. Le contrat semble très avancé et tout se présente bien. Mais elle a changé d'avis. Elle estime que l'université de ses rêves ne peut avoir sa place ailleurs qu'en France, le seul pays qui continue à trouver grâce à ses yeux, et pas seulement parce qu'elle y vit depuis près de quarante ans. Elle considère en effet qu'on ne peut rêver meilleur symbole de la démocratie, donc de la fraternité universelle.

Jo, résigné à ne jamais discuter avec elle lorsqu'elle a pris une décision, aussi contestable soit-elle, choisit de revenir aux Milandes. Il a confié son restaurant à une personne de confiance et décide de profiter un peu des enfants. Il sait aussi que sa présence peut être très utile, car il ne devrait pas tarder à se passer quelque chose. Joséphine est en effet repartie sur le sentier de la guerre. Elle veut, à tout prix, sauver le château. Elle a même demandé une audience au général de Gaulle, afin de lui exposer la situation, ainsi que son projet. Quarante-huit heures avant de partir pour Paris, elle demande à Jo de se rendre à l'Élysée à sa place. Elle trouve sordide de parler argent devant le héros de la Résistance, devenu le président de sa République.

Jo entame alors un parcours du combattant qui va se poursuivre pendant plusieurs semaines. Le Général, soucieux de soutenir un projet aussi séduisant, demande à son chef de cabinet de prendre l'affaire en main. Ce dernier recommande Jo Bouillon auprès d'une banque privée, dont le directeur propose de mettre sans délai un château dans l'Allier à la disposition de Joséphine et de ses douze enfants. Il réglerait en même temps les dettes des Milandes, qu'il achèterait pour un franc symbolique. Jo refuse à regret. Joséphine n'imagine pas mener sa nouvelle aventure à son terme ailleurs que dans son paradis de Dordogne !

Une dernière solution finit par être étudiée. Gilbert Trigano, créateur d'un Club Méditerranée qui ne cesse de se développer, accepte de s'associer à l'aventure dans des conditions très raisonnables. Il paye les dettes, finance le Collège de la fraternité, et laisse la jouissance du château et des terrains environnants à la créatrice. Enfin, il s'engage à verser régulièrement une somme raisonnable à tous les enfants, afin qu'ils poursuivent leurs études. Et cela, jusqu'au lendemain de leurs vingt et un ans, l'âge légal de la majorité.

À l'issue de cette négociation, Jo ne dissimule pas sa joie. Les Milandes sont sauvées et l'avenir des enfants est assuré. Il ne tarde pas à déchanter. Un matin, Joséphine déboule dans la cuisine en expliquant qu'elle a réfléchi, qu'on n'a pas le droit de mélanger cette usine à touristes qu'est le Club

Méditerranée et son projet si noble, si beau... Jo, effondré, tente de lui faire entendre raison. Folle de rage, elle l'accuse de le trahir, de se ranger du côté de ces hommes d'affaires qui ignorent tout de la réalité du sentiment humain. Même si sa femme est capable de dire n'importe quoi quand elle est en colère, et en particulier ce qu'elle ne pense pas, Jo estime que cette fois elle est allée trop loin...

Il fait ses adieux aux enfants et achète un billet aller pour Buenos Aires. Au plus profond de lui-même, il sait que désormais tout est terminé, et que ses pieds ne fouleront plus jamais le sol de la Dordogne. Il est effondré, certes, mais se console en se disant qu'il a fait l'impossible, et pour les enfants, et pour Joséphine. Une fois encore, il la remet entre les mains de Dieu...

La vente des Milandes

Joséphine a repris le cycle infernal des tournées à l'étranger. Sa santé vacille, mais il faut bien trouver l'argent pour nourrir les enfants. Les sommes qu'elle parvient à gagner n'assurent que très modestement le quotidien. Quant aux Milandes, le château tombe littéralement en ruine. Les murs et la toiture des bâtiments ne cessent de se dégrader et les créanciers continuent à frapper aux portes. Pendant l'année 1967, Joséphine parvient à régler, par miracle, des petites sommes qui empêchent les huissiers et les commissaires-priseurs de faire leur office. Au début de l'année 1968, ils reviennent à l'assaut et placent une affiche annonçant pour le 16 février la mise aux enchères de tous les biens. Encore une fois, elle parvient à échapper au pire. Ou, plus exactement, à le faire reculer...

C'est alors qu'intervient Sylvain Floirat, un homme d'affaires périgourdin considéré comme l'un des plus riches de France. Il est, entre autres, propriétaire d'Europe n° 1, dont les animateurs et journalistes ont soutenu Joséphine à plusieurs reprises. Il visite le château et ses environs et propose de régler les dettes en laissant à Joséphine l'usufruit du domaine. Hélas, elle ignore la signification de ce mot et Jo Bouillon n'est plus là pour lui expliquer qu'une fois encore elle tient là une sortie honorable à ne pas laisser passer. Elle refuse, tout en sachant qu'elle est financièrement au bord du gouffre, et que la prochaine saisie risque d'être la bonne…

Les hommes de loi annoncent leur retour pour le 3 mai, soit un mois jour pour jour après une nouvelle série de récitals à Paris, à l'Olympia. Pendant cette période, chacun tente d'arrêter, à sa manière, la machine infernale. On refuse du monde boulevard des Capucines. *France-Soir* lance une campagne en sa faveur. Jacqueline Cartier, l'une des plumes les plus brillantes du quotidien, multiplie les sujets, en trouvant, à chaque fois, un angle différent. Un disque trente centimètres sort à son profit et se vend à raison de plusieurs milliers d'exemplaires par jour, tandis que Guy Lux lui consacre un « Palmarès des chansons » au cours duquel il demande au public d'acheter cet enregistrement sans tarder. Dans d'autres pays, les fans cassent aussi leur tirelire. À la fin du mois d'avril, le moral est au beau fixe. Bruno Coquatrix lui propose de revenir un mois plus tard, et la pression populaire est si forte que les huissiers semblent se calmer.

C'est, hélas, le calme qui précède la tempête. Le 3 mai, alors qu'elle se trouve dans une chambre d'hôtel de Göteborg, en Suède, où elle doit chanter le lendemain, elle apprend, par un coup de téléphone, que l'intervention de ses avocats auprès des juges du tribunal de Bergerac pour empêcher la vente n'a rien donné. Elle a le souffle coupé. Une somme importante a été versée le 2 mai aux créanciers afin d'arrêter, une fois encore, la machine infernale. Peu avant dix-huit heures, un journaliste l'appelle pour lui annoncer que le domaine des Milandes a été vendu à seize heures, pour la somme de cent vingt-cinq millions de francs. Elle est effondrée et ne comprend pas...

Dès son retour à Paris, elle prend le premier train pour la Dordogne où elle découvre, horrifiée, qu'elle a été trahie. Par qui ? Elle l'ignore. Tout ce qu'elle sait, c'est que le maire n'a pas été mis au courant de l'adjudication : « Sinon, j'aurais acheté les Milandes pour la commune », assure-t-il.

Elle s'aperçoit aussi que Bruno Coquatrix a brillé par son absence. Tout avait été prévu pour qu'il vienne surenchérir et acheter l'ensemble, en demandant au public de l'aider, par des dons, à régler cette somme. De toute évidence, « quelqu'un » lui a soigneusement caché l'imminence de la vente. C'est en tout cas ce que déduit Joséphine lorsque, à l'issue d'un rapide calcul, elle découvre que l'ensemble a été bradé au tiers de sa valeur. Persuadée qu'elle a été victime d'un complot et que rien n'est clair dans cette histoire, elle demande à René Floriot, l'un des plus grands avocats français, de prendre en main son dossier. Il l'accepte, en sachant qu'il ne pourra rien faire. Il a consulté l'entourage de l'artiste. Tout le monde est d'accord sur un point : la perte des Milandes est ce qu'il pouvait lui arriver de mieux. À force de reculer l'échéance, elle avançait droit vers la ruine et la mort. Elle peut aujourd'hui repartir de zéro. Le public et ses amis sont plus que jamais à ses côtés…

L'expulsion

Le 4 juillet 1968, la France apprend que Joséphine est, une fois encore, entre la vie et la mort. Le matin, victime d'une attaque cérébrale, elle a été transportée d'urgence à l'hôpital de Périgueux. Après l'avoir examinée, les médecins réservent leur diagnostic. Elle est en effet moralement et physiquement épuisée. Tout en se préoccupant de l'avenir des enfants et en recherchant toutes les solutions possibles et imaginables pour faire casser la vente, elle a repris le chemin de l'Olympia. Elle y a chanté chaque soir, jusqu'au 29 juin, en dépit des événements qui secouent la France entière, et Paris en particulier. Elle a fini par s'effondrer.

Mais, dix jours plus tard, forte d'une vitalité hors du commun, elle reprend le chemin des Milandes, avec la ferme intention de ne pas se laisser expulser sans réagir. Elle considère qu'elle a été escroquée, spoliée. Elle se bat, mais rien n'y fait. Elle parvient toutefois à retarder l'expulsion prévue pour le 26 septembre. La loi interdisant toute sortie par la force pendant les mois d'hiver, elle obtient un ultime sursis jusqu'au 15 mars 1969. Elle place les enfants chez des amis sûrs et décide d'attendre la suite des événements. Elle ne parvient pas, en revanche, à empêcher, le 19 janvier, la vente de son mobilier... Elle y assiste, hagarde, abasourdie.

Au début du mois de mars, le nouveau propriétaire, soucieux de procéder à d'importants travaux de rénovation pour l'été, décide de ne pas attendre la date légale pour prendre possession de son bien. Joséphine ne l'entend pas ainsi. Munie de provisions suffisantes pour tenir un siège, elle installe un lit de camp dans ce qu'il reste de la cuisine et annonce aux journalistes qui se pressent devant la porte qu'elle ne sortira pas d'ici avant le 15 mars, comme la loi l'y autorise. On croirait Davy Crockett en train de résister dans *Fort Alamo*. Furieux d'une résistance qu'il juge ridicule, l'acheteur engage des « gros bras » qui parviennent à pénétrer dans la pièce, à ceinturer Joséphine et à la jeter dehors.

La reine de somptueuses revues qui ont fait le tour du monde se retrouve ainsi en chaussons, habillée d'un peignoir usé, sous une pluie battante, à genoux. Elle ne peut plus bouger, ni prononcer un mot. Avant qu'elle soit transportée dans une ambulance à l'hôpital de Périgueux, les photographes, la gorge serrée, prennent un cliché qui va paraître, le lendemain matin, en première page de tous les journaux. Le symbole de la fin d'une légende...

Le miracle Brialy

Paris, avenue Mac-Mahon... Un modeste deux-pièces qu'une amie dévouée, Marie Spiers, la femme de Pierre Spiers, le pianiste attitré de Joséphine, a loué à son nom est mis à la disposition de la chanteuse et de ses enfants. La tribu Arc-en-Ciel s'entasse dans trente mètres carrés, sans pour autant que son moral en soit, tout du moins en apparence, atteint. Les enfants savaient depuis des mois, au plus profond d'eux-mêmes, que le temps des Milandes était terminé. À la fin des vacances scolaires, avant de repartir vers les pensions respectives où ils poursuivaient leurs études, ils avaient dit adieu au dernier carré de fidèles qui, en dépit du manque d'argent, n'avaient pas déserté le navire en train de couler. Ils s'étaient promenés une dernière fois dans les champs alentour en se souvenant de tous les bons moments de leurs jeunes années passés à courir dans le domaine.

L'arrivée à Paris est plus difficile. L'année scolaire est en cours, et trouver une ou plusieurs écoles capables d'accueillir une douzaine d'enfants du jour au lendemain se révèle mission impossible.

Peu leur importe. Ils préfèrent perdre un an et redoubler plutôt que de s'éloigner d'une mère qui n'a jamais eu autant besoin d'eux. Après une courte période d'abattement, Joséphine a, comme toujours, repris le dessus. Elle a décidé de se battre, d'aller jusqu'au bout... Comme d'habitude. Elle est en particulier décidée à tout entreprendre pour faire annuler la vente des Milandes, qu'elle juge illégale. L'ensemble a en effet été bradé, à un chiffre dix fois inférieur à la valeur du terrain et des bâtiments. Elle estime, avec le recul, qu'elle ne s'est pas suffisamment méfiée. Elle a accordé sa confiance à des gens qui en ont profité, qui ont abusé de sa crédulité. Elle ne cite pas de noms, car elle n'a aucune certitude, mais seulement des soupçons. Elle frappe à toutes les portes pour obtenir de l'aide et écrit même au général de Gaulle afin de le tenir au courant de la situation ubuesque dans laquelle elle se retrouve. On lui a volé sa propriété, mais aussi ses souvenirs, parmi lesquels des photos, des lettres, des affiches qu'elle n'a pas eu le temps de préserver. Toutes ces interventions demeurent, hélas, sans effets. Ses missives restent sans réponse, ou presque, et les notaires et avocats qu'elle consulte refusent poliment mais fermement de partir en croisade à ses côtés.

Elle reçoit alors la visite de Jean-Claude Brialy. Le comédien enchaîne les tournages à succès, avec François Truffaut, Marc Allégret, Éric Rohmer ou Roger Vadim. Ce boulimique de travail est aussi une figure des soirées parisiennes. Amoureux du spectacle sous toutes ses formes, il est chaque soir au théâtre, au music-hall ou dans un cabaret. C'est ainsi que les propriétaires de La Goulue, rue des Petits-Champs, lui ont proposé de reprendre une affaire qualifiée de « saine, mais vieillotte ». Ils sont eux-mêmes fatigués et ont envie de passer la main. Pour faire venir le public vers cette adresse, ils sont conscients qu'il faut un directeur capable de drainer des têtes d'affiche, et qu'ils en sont incapables.

Séduit par cette offre qui lui paraît très honnête, Brialy cherche à y associer un événement qui pourrait donner à cette adresse l'indispensable coup de projecteur qui fait la différence. Un matin, au réveil, il pense soudain à Joséphine Baker. Comme tout le monde, il a été bouleversé par l'image de son expulsion des Milandes. Connaissant parfaitement son « petit monde », il se doute que les « professionnels du spectacle » l'ont rejetée et ne se bousculent plus pour l'engager. Le moment est donc bien choisi pour lui proposer de remonter sur scène dans une salle aux dimensions modestes, certes, mais où elle a toutes les chances d'afficher complet tous les soirs. Il a en effet la certitude que la cote de l'artiste demeure très forte dans le cœur du public, et pas seulement parce que l'on vole toujours au secours des plus démunis. Il demande donc un rendez-vous et se rend avenue Mac-Mahon pour lui proposer de se produire tous les soirs à La Goulue, pendant plusieurs semaines, voire pendant plusieurs mois.

Les premiers échanges sont plutôt froids et distants. Joséphine, qui sait par expérience qu'il ne faut pas accorder sa confiance au premier venu, lui jette un regard méfiant. Petit à petit, son attitude évolue. Elle est séduite par le discours d'un homme qui, de toute évidence, n'a absolument pas besoin d'elle. Il est célèbre, riche et possède même un château en bon état, parfaitement entretenu. Elle demande à réfléchir pour la forme, mais, au fond d'elle-même, elle a déjà pris sa décision…

La première est fixée au 27 mars 1969, dans une salle de trois cents places rebaptisée, comme au bon vieux temps, Chez Joséphine. Brialy s'est occupé de tout, y compris de répondre par le mépris à ceux qui estiment qu'il va se ruiner en prenant en main la destinée d'une « has been ». Les grands couturiers, si prompts jadis à offrir leurs services à celle qui fut un symbole de la mode, ne se bousculent pas non plus pour lui offrir une robe de scène. Une modeste couturière, Jany Six, apprenant par le bouche à oreille les difficultés que rencontre Joséphine, écrit à Jean-Claude Brialy et propose bénévolement ses services : « Pour Joséphine, mes ouvrières travailleront jour et nuit, s'il le faut. Et bien entendu, nous lui offrons le fruit de notre travail… »

Joséphine apprend qu'un miracle est peut-être en train de se produire. Le procureur de la République, jugeant la vente et son expulsion illégales, a ordonné que l'on autorise Mme Baker à réintégrer les lieux, en attendant une décision de justice définitive. Il n'en faut pas plus à Joséphine pour reprendre le chemin de la Dordogne, afin de tenter un baroud d'honneur. Hélas, elle a trop présumé de ses forces et s'effondre, le 18 mars, victime de violents maux de tête. Les médecins qui l'examinent dans une chambre de l'hôpital de Périgueux ordonnent des examens complets et une transfusion sanguine. Sur son lit de douleur, Joséphine pense toujours aux Milandes, mais surtout à sa rentrée à Paris fixée au 27 mars, c'est-à-dire dans un peu plus d'une semaine.

Chacun, à commencer par Jean-Claude Brialy, est persuadé que la première va être reportée. C'est mal connaître la force incroyable dont Joséphine peut faire preuve lorsque les circonstances l'exigent. Elle demande ainsi à essayer la robe qu'on lui a confectionnée. Jany Six arrive à l'hôpital avec quelques ouvrières, et découvre sa « cliente » allongée sur son lit, les yeux mi-clos, pouvant à peine s'exprimer. Un miracle se produit alors. Joséphine parvient à se lever, et tend les bras afin que l'on procède à un essayage extrêmement méticuleux. Lorsque la couturière et son équipe sont reparties, elle a retrouvé le sourire, et semble avoir rajeuni de vingt ans. Les médecins, surpris par ce changement, ordonnent alors le seul traitement qui, à leurs yeux, peut permettre à leur illustre patiente de guérir : qu'elle reprenne son métier. Rien ne peut lui faire plus de bien…

C'est ainsi que le 27 mars 1969, Joséphine, amaigrie, mais souriante, monte pour la première fois sur la scène du cabaret de Brialy. Le Tout-Paris est là, bien sûr, mais aussi les micros et caméras des radios et télévisions du monde entier, qui n'ont pas voulu manquer l'événement. Elle chante une dizaine de succès, salue la foule debout et essuie une larme, heureuse d'avoir retrouvé Paris...

Le lendemain, les spectateurs sont moins nombreux et, dans les jours qui suivent, l'affluence diminue encore. Le public habituel des cabarets ne s'intéresse guère à Joséphine et ses fans de jadis n'ont pas les moyens de s'offrir un dîner-spectacle, beaucoup plus cher qu'une place à l'Olympia. De plus, même s'ils ne l'avouent pas, ils n'ont pas envie de voir une dame un peu âgée entonner quelques couplets qu'ils connaissent par cœur, sur une scène sans décors. Ils préfèrent conserver dans leur mémoire les revues fascinantes de jadis et vivre avec, au fond de leur cœur, le fantôme de « leur » Joséphine.

La principale intéressée ne se décourage pas pour autant. Elle est heureuse de monter sur scène et de chanter, même si certains soirs il n'y a que vingt personnes dans la salle. Jean-Claude Brialy, très présent, l'encourage à persévérer et elle croit plus que jamais en sa bonne étoile. Elle est certaine qu'un nouveau miracle ne va pas tarder à se produire...

Le gala de la Croix-Rouge

Le 29 avril 1969, André Levasseur se rend Chez Joséphine pour assister à son tour de chant, mais aussi pour lui faire une proposition extrêmement sérieuse. Elle accueille chaleureusement celui qu'elle considère comme un ami depuis qu'il a réalisé les costumes et décors de *Paris mes amours*. Elle ne l'a pas revu depuis longtemps et lui demande de ses nouvelles. Il lui parle, sans détours, d'un projet qui lui tient particulièrement à cœur. Voilà plusieurs années qu'il travaille pour la Société des Bains de Mer à Monaco et assure, en particulier, la direction du prestigieux gala de la Croix-Rouge, présidé chaque été par la princesse Grace. Il a l'idée de proposer, pour cette année, une revue de quatre-vingt-dix minutes digne de celles que l'on présentait jadis sur les plus grandes scènes. Il ne voit qu'une seule personne au monde capable de la mener : Joséphine en personne ! L'intéressée ne dissimule pas sa surprise. Elle ne se sent pas la force de relever un tel défi. Elle trouve aussi qu'il s'agit d'une fausse bonne idée. Le nombre de tables vides du cabaret parisien démontre qu'elle ne touche plus le public. Elle est trop vieille. Le temps est venu pour elle de laisser la place aux jeunes.

Levasseur, calmement, balaie ses hésitations. Elle a pris de l'âge, certes, comme tout le monde, mais le charme et l'élégance qu'elle dégage compensent largement ce handicap. Il confie d'ailleurs à Joséphine que la Princesse a eu la même réaction. Elle n'a jamais vu la meneuse sur scène et s'est interrogée : n'est-elle pas trop âgée pour assurer ce rôle... ? Levasseur a demandé qu'on lui fasse confiance, et la princesse Grace a acquiescé. Joséphine réfléchit longuement et pose une condition avant de donner son feu vert. Puisqu'il s'agit d'une soirée offerte au profit d'une œuvre, il n'est pas question qu'elle accepte un cachet pour monter sur scène. Levasseur répond que, en cas de succès, le spectacle sera prolongé pendant plusieurs soirs et ouvert au grand public. Elle sera alors payée à sa juste valeur. Il précise que Brialy, au courant du projet depuis plusieurs jours, sera le maître de cérémonie de la soirée et que les textes seront écrits par Jacqueline Cartier, une journaliste que Joséphine affectionne et en qui elle a une confiance absolue. Comment refuser face à de tels arguments ?

Quelques jours plus tard, tout le monde se met au travail. Levasseur réalise des maquettes de dix costumes, plus somptueux les uns que les autres, que Joséphine approuve avec enthousiasme. Elle choisit ses chansons, apprend ses textes, ajoute quelques phrases.

Un rendez-vous est pris pour le 25 juillet à Monaco où elle arrive, accompagnée de ses douze enfants. Toute la famille, naturellement invitée par la Principauté, s'installe dans plusieurs chambres de l'Hôtel Hermitage.

Chaque jour, vers midi, tandis que les jeunes partent profiter de la piscine, Joséphine se dirige vers la salle de spectacle. Les répétitions qui débutent vers treize heures se prolongent certains soirs jusqu'à deux heures du matin. La chanteuse ne manifeste pas le moindre signe de fatigue, bien au contraire. Elle épuise tout le monde, y compris les dix-huit jeunes danseuses qui l'entourent, hallucinées par le spectacle qu'elles découvrent. Plus les heures passent, et plus les muscles se dénouent, les réflexes reviennent. Pour se détendre, il n'est pas rare que la troupe aille souper au Tip Top, un restaurant proche du casino, ouvert parfois jusqu'à l'aube.

Le grand soir arrive. La salle du Sporting déborde de personnalités venues du monde entier. Parmi celles qui ont été invitées à la table d'honneur de Leurs Altesses figurent David Niven, Gregory Peck et Ed Sullivan, l'animateur du show de télévision le plus célèbre des États-Unis. La lumière s'éteint et Brialy, vêtu d'un smoking blanc et entouré de girls tout de rose parées, salue les invités, désigne le centre du plateau, et annonce Joséphine... qui brille alors par son absence. Visiblement gêné, il commence à raconter la vie de l'artiste et évoque en particulier ses débuts dans la

Revue Nègre, en 1925. Il ajoute qu'en près de cinquante ans de carrière elle n'a jamais manqué son entrée.

C'est alors qu'elle surgit par surprise du fond de la salle, dans une somptueuse combinaison blanche. Elle fait mine de s'excuser, contourne des tables, passe entre les convives et arrive enfin sur le plateau. Tout cela n'était qu'une mise en scène pour tenter de surprendre un public blasé, considéré comme l'un des plus difficiles du monde. Les premières minutes sont en effet extrêmement difficiles. Les réactions sont molles et chacun semble indifférent à ce qui est pourtant un événement historique dans l'histoire du music-hall. Joséphine, qui avait prévu ce genre d'accueil, sort le grand jeu. Elle fait un signe au chef d'orchestre, Aimé Barelli, et interrompt, en plein milieu, la chanson qu'elle est en train d'interpréter. Elle regarde les spectateurs, le sourire aux lèvres, et annonce qu'elle va danser le charleston, comme en 1925, sur la scène du Théâtre des Champs-Élysées. Aimé Barelli et ses musiciens se lèvent et donnent le tempo. Joséphine se déchaîne, se déhanche, devant des spectateurs subjugués qui l'ovationnent. La suite de la soirée est une promenade de santé. Les vieilles Américaines couvertes de bijoux, les hommes d'affaires aux cheveux gominés et à la moustache parfaitement taillée s'amusent comme jamais, battent des mains, applaudissent à tout rompre.

Au final, Joséphine s'exclame en levant les bras : « Pour soixante-trois ans, ce n'est pas mal, hein ? » En guise de réponse, elle reçoit des dizaines de roses lancées depuis les tables par une foule qui n'en croit pas ses yeux et ses oreilles. Ils se disent qu'il fallait être là. Ils viennent de vivre un moment historique. Ils viennent d'assister à un miracle, une résurrection. Jacqueline Cartier, racontant la soirée le lendemain dans *France-Soir*, rapportera les propos d'un technicien qui, à l'issue des innombrables rappels, a lancé à son voisin, beaucoup plus jeune que lui : « Regarde-la bien, la Joséphine. Une autre comme ça, tu n'es pas près d'en voir une… »

Princesse à Monaco

Dès la fin du spectacle, en coulisses, André Levasseur est tombé dans les bras de Joséphine et lui a lancé :

« Tu as gagné ! On continue demain ! »

Le spectacle se prolonge effectivement pendant toute la semaine, avec le même succès. Joséphine est radieuse. Elle confie même qu'elle n'a jamais été aussi heureuse et si bien traitée qu'à Monaco, qu'elle a trouvé ici son paradis terrestre. Ces propos reviennent aux oreilles de la princesse Grace qui admire Joséphine pour deux raisons. Comme tous les participants au gala de la Croix-Rouge, elle a été bluffée par l'incroyable jeunesse de l'artiste. Elle conserve également en mémoire une scène qui remonte au début des années cinquante, au temps où elle n'était encore que Grace Kelly, actrice hollywoodienne. Le hasard a fait qu'elle a assisté, au Stork Club, à New York, au scandale dont tous les journaux avaient ensuite parlé. Elle avait alors admiré la détermination et le courage de Joséphine et s'était même demandé si, à sa place, elle aurait fait preuve d'une telle force. À partir de cette date, la future princesse a commencé à s'intéresser à la carrière de la chanteuse. Elle connaît ses bonheurs, mais aussi ses malheurs. Elle sait même qu'avant de s'envoler pour la Principauté elle a rendu les clés du modeste deux-pièces de l'avenue Mac-Mahon. Elle ne sait pas où loger à la fin de l'été et fait confiance à sa bonne étoile...

Sa bonne étoile, c'est la princesse Grace qui donne des instructions pour que l'on trouve, aux alentours du Rocher, une villa spacieuse pour abriter, à l'année, Joséphine et ses enfants. Un responsable de la Croix-Rouge trouve la maison idéale, à Roquebrune. La Principauté prend en charge le loyer et, dès le mois de septembre, la tribu Arc-en-Ciel s'installe sous son nouveau toit. Joséphine retrouve ainsi une joie de vivre que ses proches croyaient disparue à jamais. Le succès de son show à Monte-Carlo a eu de telles répercussions dans le monde entier que les demandes de galas se multiplient à nouveau. Elle chante au Mexique, en Argentine, en Norvège, en Finlande, en Israël et au Venezuela. En juin 1973, elle retrouve le Carnegie Hall de New York, où, pendant quatre soirs, à guichets fermés, elle fête son jubilé, avec quelques mois d'avance. Mais elle finit par payer ces efforts considérables : en novembre 1973, à l'issue d'une série de concerts à Copenhague, elle s'effondre, victime d'un nouveau malaise cardiaque. Hospitalisée d'urgence, elle est sur pied quelques jours plus tard, à la stupéfaction des médecins danois qui n'ont jamais eu affaire à une patiente de ce genre !

Ces années de retrouvailles avec le public sont aussi marquées par d'innombrables trophées qu'on lui décerne dans chacun des pays où elle donne un récital. Elle reçoit, entre autres, à Vérone le prix de l'amour universel, et à New York celui du Club de la Presse pour l'ensemble de sa carrière et pour sa lutte permanente contre le racisme. Elle est élue « Femme de l'année 1973 » par un important magazine américain, *Tuesday at home*. Il lui est remis à Monaco, en présence, entre autres, de la princesse Grace qui est devenue une amie. Joséphine est invitée, bien entendu, à tous les galas, en particulier à celui donné pour l'inauguration du nouveau Sporting de Monte-Carlo. La vedette en est Sammy Davis Jr, qui, entre autres exigences, a demandé que l'on mette un yacht à sa disposition pendant la durée de son séjour dans la Principauté. On a, bien entendu, accédé à sa demande et, quelques instants seulement avant le récital, l'un des organisateurs a annoncé, effondré, que le crooner était au large et n'avait pas l'intention de revenir pour chanter !

Apprenant la nouvelle, Joséphine n'hésite pas un instant. Elle se lève, ôte d'un geste le manteau bordé de plumes qu'elle porte sur son dos, monte sur scène, s'empare d'un micro, fait un signe au chef d'orchestre Aimé Barelli et commence à chanter devant un parterre de milliardaires venus du monde entier. Elle sauve ainsi la soirée, ce qui va lui valoir la reconnaissance éternelle de la princesse Grace.

Au début de l'année 1974, André Levasseur demande à Joséphine Baker d'être encore une fois, durant la saison d'été, la vedette du gala de la Croix-Rouge. Il lui propose de mener, cette fois-ci, une revue qui s'intitulerait *Joséphine Story*, au cours de laquelle elle évoquerait les grandes étapes de sa vie, à travers des tableaux particulièrement somptueux. Elle accepte avec enthousiasme, en ajoutant qu'elle ne pouvait rêver plus beau projet. Ses proches affichent un jugement plus modéré. Ils craignent pour la santé de cette femme que la vie n'a pas épargnée, et qui a été victime de plusieurs malaises cardiaques dont elle s'est remise, parfois par miracle. Les premières répétitions sont plutôt rassurantes. Joséphine affiche l'énergie d'une jeune femme. Elle n'a pas soixante-huit ans, mais soixante-huit printemps. Elle répète dix heures par jour, parfois douze, entraînant une troupe de quarante-six danseurs qui ont l'âge d'être ses petits-enfants.

Le 8 août, on affiche complet au Sporting de Monte-Carlo. Pendant plus d'une heure, Joséphine offre un spectacle unique en son genre, qui débute par son arrivée en calèche devant un décor représentant l'Hôtel de Paris à Monte-Carlo. Elle enchaîne les plus grands succès de sa carrière, sous un déluge d'applaudissements qui ne cesse durant tout le spectacle. À la fin de la soirée, Jean-Claude Brialy la rejoint sur le plateau, la serre dans ses bras, s'empare d'un micro et lit un texte, sans parvenir à dissimuler véritablement son émotion :

« Joséphine, je devrais vous dire "vous" parce que je vous admire, mais je dirai "tu" parce que je t'aime... Merci, Joséphine, d'être là... Merci d'être ce que tu es... On t'a appelée l'Oiseau des Îles, la Perle Noire, la Vénus d'Ébène, la Panthère... Prends le nom que tu préfères... Pour ta spontanéité, ton instinct, ton courage, ta délicatesse, ta tendresse, ta poésie, ton respect du public et ton amour passionné pour la paix et la liberté dans tous les mondes, merci, Joséphine... Tu as des légendes, mais la plus belle, c'est l'histoire de ta vie. Ton étoile est née il y a cinquante ans dans le ciel de Paris. Ce soir, elle brille dans le ciel bleu de Monte-Carlo... »

Brialy vient de faire, en quelques phrases sorties du cœur, le résumé de cinquante années d'une carrière unique dans l'histoire mondiale du music-hall. Le discours fini, l'ovation reprend de plus belle.

L'ultime récital

Au lendemain de son triomphe à Monte-Carlo, Joséphine Baker annonce à tout le monde, le sourire aux lèvres, qu'elle se prépare à faire sa rentrée à Paris avec cette « revue de sa vie ». Jean-Claude Brialy et André Levasseur partagent, au départ, son sentiment. Ils vont vite déchanter. Les producteurs ne se bousculent pas. Seul Jean Bodson, propriétaire de Bobino, se déclare prêt à relever le défi. Sa salle de sept cents places et sa scène se révélant extrêmement petites pour un spectacle aussi riche en décors et en ballets, il tente de trouver un partenaire. Il essuie successivement des refus au Théâtre des Champs-Élysées, parce qu'il n'y a pas la moindre date de libre, au Casino de Paris, où Roland Petit, le nouveau maître des lieux, ne pense pas qu'une « vieille chanteuse » puisse toucher un large public, et à Mogador où Hélène Martini, pourtant inconditionnelle de Joséphine, refuse d'investir dans ce projet. La principale intéressée n'affiche pas la moindre déception en apprenant ces mauvaises nouvelles. Elle en a vu tellement d'autres depuis un demi-siècle qu'elle n'en est plus à une déception près.

À la fin de l'année 1974, Jean Bodson propose une solution de secours. Le spectacle sera créé à Bobino, avec une formation plus modeste, mais néanmoins somptueuse. C'est ainsi que la troupe passe de quarante-six à vingt-neuf danseurs, et qu'un orchestre de dix musiciens, dirigé par Pierre Spiers, remplace les formations monégasques de Louis Frosio et Aimé Barelli. À la veille de Noël, les responsables de la compagnie d'assurances de Bobino annoncent qu'ils refusent de donner leur aval au contrat de travail de Joséphine, parce que sa santé ne leur paraît pas suffisamment bonne. Bodson leur raccroche au nez. À quoi servent ces gens-là, s'ils refusent de prendre le moindre risque quand il y en a véritablement un ? Puisqu'il en est ainsi, Joséphine ne sera pas assurée...

Au mois de janvier 1975, on se remet au travail. Joséphine sait qu'elle joue très gros dans cette nouvelle aventure, qui sera sans doute la dernière de sa vie. Si Bobino est un succès, elle fera une ultime tournée en Angleterre, aux États-Unis et en Amérique du Sud. Ensuite, elle commencera à travailler sur un autre projet cher à son cœur : la réalisation d'un film sur sa vie. Elle songe aussi à reprendre l'idée de son Collège de la fraternité, en la développant autrement, sans doute plus modestement. Elle pense enfin à écrire ses « Mémoires définitives », à découvrir des jeunes capables d'assurer sa relève et à qui elle transmettrait ce qu'elle a appris...

Les répétitions se déroulent dans une bonne humeur générale. De nouvelles scènes ont été ajoutées et la revue dure maintenant plus de deux heures. Jean-Marie Proslier, déjà présent à ses côtés en 1968 à l'Olympia, Annie Sinigalia et Laurence Badie deviennent ses partenaires, le temps de quelques sketches. Joséphine affiche la forme des grands jours. Elle essaie des robes somptueuses, spécialement confectionnées pour elles, en particulier pour un final qui dure neuf minutes. On règle également à sa taille la tenue militaire qui lui permet d'évoquer, en chansons, les années de guerre. Chaque jour, dimanche compris, elle répète de dix heures du matin à vingt heures, et joue parfois les prolongations jusqu'à minuit, histoire de régler une scène, un ballet ou un éclairage. Elle retrouve ensuite un appartement qu'elle a loué avenue Paul-Doumer, près du Trocadéro. Un soir, elle avoue à des intimes :

« Je n'aime pas la chambre du fond. Elle sent la mort... »

Les représentations débutent le 24 mars devant une salle comble, essentiellement composée de lecteurs de *France-Soir*. Ce vrai public populaire lui réserve une ovation, qu'elle entend encore, depuis la scène, dans les jours qui suivent. Soucieux de mettre toutes les chances de leur côté, Jean Bodson, Jean-Claude Dauzonne, directeur de Bobino, André Levasseur et Jean-Claude Brialy se sont donné deux semaines de délai avant de présenter la revue devant un Tout-Paris qui ne laisse rien passer.

Le 8 avril, il ne manque pas une tête d'affiche dans la salle de Bobino. La princesse Grace côtoie, entre autres, Alain Delon, Sophia Loren et Jeanne Moreau. Le président de la République, convié pour l'événement, s'est fait excuser. Il a toutefois adressé à Joséphine un télégramme dans lequel il lui exprime « la reconnaissance de la France dont le cœur a si souvent battu avec le sien », et lui adresse ses vœux pour ces « noces d'or que Paris célèbre avec elle ».

Le spectacle est un triomphe. À l'issue des rappels, quatre cents privilégiés se retrouvent dans les salons de l'hôtel Bristol pour un souper dont Joséphine est l'héroïne. Ovationnée à son arrivée, elle passe de table en table, dit un petit mot à chacun, souffle les bougies d'une pièce montée sur laquelle le pâtissier a inscrit, en lettres de sucre, « 1925-1975 »...

Elle s'éclipse à quatre heures du matin. Le lendemain soir, elle retrouve la loge, puis la scène. Elle ne semble nullement marquée par la fête de la veille. À l'issue de la représentation, elle propose même d'aller finir la soirée Chez Michou, un cabaret de Montmartre qu'elle affectionne et où, paraît-il, un transformiste l'imite à merveille. Son entourage, épuisé, parvient à la convaincre que ce n'est pas raisonnable. Elle fait promettre à ses amis que ce n'est que partie remise et rejoint sa troupe, dans un restaurant voisin de Bobino, pour avaler un plat de spaghettis. Vers deux heures du matin, elle prend congé de ses danseurs en leur annonçant, l'index levé :

« Mes enfants... Bientôt, après Paris, nous partons pour Londres et pour New York... »

Joséphine retrouve sa chambre et parcourt les journaux, unanimes à saluer son triomphe. Elle s'endort, le sourire aux lèvres. Elle ne se réveillera plus. Frappée dans son sommeil par une hémorragie cérébrale, elle est découverte inanimée, le lendemain vers quinze heures. Transportée à la Salpêtrière, elle est examinée par des médecins qui estiment que tout est perdu. À Bobino, pour la forme, on annonce que les représentations sont interrompues pour quelques jours, parce que Joséphine a besoin d'un peu de repos. La vérité éclate rapidement au grand jour. Le vendredi matin, des journalistes du monde entier commencent à s'entasser autour de l'hôpital. Le samedi, à cinq heures trente du matin, le cœur d'or de Joséphine cesse de battre. Ses proches, effondrés, se consolent en disant qu'elle ne pouvait rêver plus belle fin...

Le 15 avril, des centaines de milliers de Parisiens suivent le cortège funèbre qui part de la Salpêtrière pour se rendre en l'église de la Madeleine, après un détour par la rue de la Gaîté, où il s'arrête pendant quelques instants devant la façade illuminée de Bobino, où clignotent pour la dernière fois les lettres « JOSÉPHINE ». Dans la nef où le cercueil est entouré d'innombrables gerbes de fleurs, on célèbre, le temps d'une messe, le souvenir de l'artiste, mais aussi du lieutenant Baker, héroïne de la Seconde Guerre mondiale. À la fin de la cérémonie, Pierre Spiers se dirige vers les grandes orgues et joue *J'ai deux amours*. La foule est en larmes. On réalise véritablement à cet instant qu'elle n'interprétera plus jamais ce refrain...

Le 19 avril, une autre messe se déroule à Monaco, en présence de la famille, mais aussi du prince Rainier et de la princesse Grace. L'inhumation se déroule ensuite au fond d'une allée du petit cimetière de Monaco. Jo Bouillon, très ému, entoure ses enfants. Devant la tombe de leur mère, il jure de ne jamais les abandonner. Il va tenir sa promesse, jusqu'à sa disparition, en juillet 1984, à Buenos Aires, victime d'un cancer. Il repose aujourd'hui dans la Principauté, à côté de celle qu'il a tant aimée. Ils n'ont jamais divorcé et sont désormais unis pour l'éternité. Les vraies histoires d'amour ne meurent jamais...

Un soir au Panthéon

La rue Soufflot, à la jonction des quartiers de la Sorbonne et du Val-de-Grâce, dans le Ve arrondissement de Paris. La nuit est tombée en ce 30 novembre 2021 quand le cénotaphe de Joséphine Baker, recouvert du drapeau français et de plusieurs médailles, et porté par quatre aviateurs, commence à remonter vers le Panthéon. Un tapis rouge a été posé sur les pavés que personne n'a arrachés depuis les manifestations de mai 1968. Des musiques accompagnent cet instant d'émotion : *Me revoilà Paris*, la chanson d'entrée de son ultime spectacle à Bobino, précède *Dans mon village*, interprétée par la chorale de la Maîtrise populaire de l'Opéra-Comique, ainsi que d'autres airs de son répertoire chantés quant à eux par le Chœur de l'armée française. Devant les portes du monument, un écran géant a été installé. Il diffuse des images de la carrière de la chanteuse, mais aussi celles des engagements de la résistante et de la militante. Le début officiel de la cérémonie est marqué par l'écoute d'une œuvre de Pascal Dusapin, composée pour une autre entrée dans ce

« temple de la République », celle de Maurice Genevoix, le 11 novembre 2020.

Avant que le cénotaphe ne soit placé dans le caveau 13 de la crypte, dans une allée en face de celle où reposent Jean Moulin, André Malraux ainsi que Simone et Antoine Veil, Emmanuel Macron enlève le masque obligatoire en pleine pandémie pour entamer, l'air grave, le discours de circonstance. Il évoque, avec précision, le parcours de la danseuse et de la chanteuse, bien entendu, mais salue aussi et surtout le courage, le dévouement de « l'héroïne de guerre, la combattante, la Noire défendant les Noirs, mais d'abord la femme défendant le genre humain ». Elle est, déclare-t-il, « l'incarnation de l'esprit français et le symbole d'une époque ». Il rappelle combien elle a aimé la France, il salue son combat pour la France libre. « Sans calcul. Sans quête de gloire. Dévouée à nos idéaux. » Il ajoute : « Joséphine Baker ne défendait pas une couleur de peau, elle portait une certaine idée de l'homme, et militait pour la liberté de chacun [...]. Sa cause était l'universalisme, l'unité du genre humain. L'Égalité de tous avant l'Identité de chacun. L'Hospitalité pour toutes les différences réunies par une même volonté, une même dignité. L'Émancipation contre l'Assignation. Sa "tribu Arc-en-Ciel", comme elle l'appelait, est le plus beau des manifestes humanistes. » Il conclut ainsi : « Joséphine Baker, vous entrez dans notre Panthéon où s'engouffre avec vous un vent de fantaisie et d'audace. Oui, pour la première fois ici, c'est une certaine idée de la liberté, de la fête, qui entre aussi. Vous entrez dans notre Panthéon parce que vous avez aimé la France, parce que vous lui avez montré un chemin qui était le sien véritable mais dont elle doutait pourtant. Vous entrez dans notre Panthéon parce que, née américaine, il n'y a pas plus française que vous. Et alors qu'à la fin de votre carrière, adaptant les paroles de votre plus grand succès, vous clamiez "Mon pays, c'est Paris", chacun de nous ce soir murmure ce refrain, sonnant comme un hymne à l'amour, "Ma France, c'est Joséphine". »

La façon dont Emmanuel Macron a brossé le portrait de la créatrice de *J'ai deux amours* me dit quelque chose. La trame de ses propos correspond exactement à ce que vous avez découvert dans les pages qui précèdent. Et pour cause : quelques semaines avant cette « panthéonisation », j'ai été reçu à l'Élysée par une « plume » du président de la République, à qui j'ai remis un exemplaire de la première édition de ce livre. Il s'en est largement inspiré, avec un respect qui est tout à son honneur.

En contribuant modestement à une reconnaissance nationale ô combien méritée, une pensée de Pierre Dac m'est immédiatement venue à l'esprit : « Rien de ce qui est fini n'est jamais complètement achevé tant que tout ce qui est commencé n'est pas totalement terminé. »

L'histoire de ce livre débute en 2005, quand Gérard de Cortanze me propose d'écrire une biographie de Joséphine Baker dans une collection qu'il s'apprête à lancer. J'accepte avec enthousiasme. Sa sortie, en 2007, est accompagnée d'un spectacle musical, *Jo et Joséphine*, créé au Théâtre Princesse-Grace à Monaco, avant d'être produit à Paris par Pierre Cardin. L'ensemble touche le cœur de Jean-Claude et Brian, deux des douze enfants de la famille Arc-en-Ciel, et connaît un succès d'estime.

Un matin de juin 2021, Brian Bouillon-Baker me téléphone et m'annonce que l'Élysée étudie très sérieusement l'hypothèse de l'entrée de sa mère au Panthéon. C'est la conséquence d'une pétition baptisée « Osez Joséphine », lancée le 8 mai, jour du 76e anniversaire de la fin de la Seconde Guerre mondiale. En quelques jours à peine, elle a recueilli d'innombrables signatures qui vont sans doute peser dans la balance. La décision finale tombe avant l'été : Joséphine Baker sera la sixième femme à entrer dans le temple de la République. Brian est discrètement convoqué à l'Élysée où, sous le sceau provisoire du secret, on lui communique la bonne nouvelle. Dans la foulée, il est convenu, avec la famille, que Joséphine ne quittera pas pour autant le caveau où elle repose aux côtés de Jo Bouillon, à Monaco. Le cercueil qui remontera la rue Soufflot jusqu'au Panthéon ne contiendra donc pas ses cendres, mais, symboliquement, des poignées de quatre terres chères à son cœur : Saint Louis, sa ville natale, Paris, le château des Milandes et Monaco.

Le retentissement de cet hommage est immense, en France mais aussi dans d'autres pays, à commencer par les États-Unis, sa terre natale. Les plus anciens saluent l'initiative d'une reconnaissance pleinement justifiée, tandis que la nouvelle génération découvre le courage d'une femme dont ils n'avaient entendu parler qu'à travers ses chansons, en ignorant, pour la plupart, qu'avant de les interpréter elle avait exclusivement dansé et mené des revues. Pendant les fêtes de Noël, Joséphine se retrouve en bonne place dans les librairies grâce à des ouvrages signés, entre autres, par Jean-Claude et Brian Bouillon-Baker. Un spectacle musical ainsi qu'un Festival Joséphine Baker aux Milandes naissent dans les mois qui suivent. Claude Pierre-Bloch, qui a jadis travaillé avec Johnny Hallyday avant de s'installer en Dordogne, est à l'origine de cet événement auquel il a associé la LICRA, dont il est l'un des vice-présidents. Les 23, 24 et 25 juin 2023, des auteurs sont conviés au cœur du Périgord à une série de séances de dédicaces, de projections et de débats autour de thèmes chers à Joséphine et plus que jamais d'actualité : promouvoir l'universalisme, lutter contre toutes les formes de discrimination, défendre l'engagement des femmes et saluer le souvenir de la Résistance. Trois cents élèves des lycées du département, accompagnés de leurs enseignants, sont invités à participer à cet événement.

Le succès étant au rendez-vous, il est immédiatement décidé que cette manifestation serait reconduite chaque année autour de thèmes différents, au début de l'été, aux Milandes. Un lieu mythique qui doit sa renaissance à une famille ayant cultivé l'amour des châteaux avant de tomber sous le charme de celui de Joséphine.

D'un château l'autre

Ils s'appellent Henry, Claude et Angélique de Labarre. À partir de 1832, leur famille exploite un vignoble dont le nom demeure une légende dans l'univers des grands crus, le Château-Cheval-Blanc. En 1998, Bernard Arnault et le baron Albert Frère achètent l'ensemble. Le cœur déchiré, Henry, Claude et Angélique de Labarre quittent ce paradis viticole. Après des semaines de recherches, ils décident d'acheter, en Dordogne, une propriété située juste en face des Milandes. Hasard ou destin, Henry connaît bien les lieux. Jadis antiquaire, il a été missionné en 1963 par les créanciers de Joséphine pour expertiser son mobilier. Quand il était allé frapper à sa porte, elle lui avait ouvert avec un grand sourire et offert une tasse de café, dans sa cuisine. Elle lui avait assuré ne pas tout comprendre aux démarches entreprises à son égard. L'œil brillant, elle avait ensuite dévoilé des projets de tournée dans le monde entier qui, à n'en pas douter, allaient permettre de la remettre financièrement à flot. Touché par la sincérité de son discours, son interlocuteur était reparti sans jeter le moindre coup d'œil à ce qui se trouvait dans chaque pièce.

Retour en 1998… Pendant plus de deux ans, la famille se plonge dans les magazines spécialisés en quête d'un vignoble qui serait à vendre. À la fin du mois de mars 2001, Claude et Angélique apprennent par un encadré la mise en vente d'un bâtiment de prestige, qu'ils reconnaissent immédiatement, les Milandes. Leur réaction est immédiate : le château est à l'abandon et il serait criminel de le laisser dans un tel état. Comment a-t-on pu en arriver là ? Une courte enquête leur permet de reconstituer la chronologie des événements depuis l'expulsion de Joséphine, au matin du 15 mars 1969. Ils découvrent avec stupéfaction qu'elle avait été illégale, la trêve hivernale n'étant pas achevée. Elle l'ignorait, de toute évidence, mais, à sa décharge, elle n'avait plus envie de lutter depuis le mois de novembre précédent. Sa demande d'annulation de la vente aux enchères du bien avait en effet été rejetée par la justice. Elle ne savait pas non plus — et ne l'a jamais su — que le bâtiment et le parc d'attractions avaient été achetés par deux investisseurs. Ils s'étaient ensuite discrètement mis d'accord pour que l'ensemble devienne la propriété exclusive d'un marchand de biens, M. Joly, qui le cède rapidement à un homme dont le nom a fort heureusement été oublié. Ce dernier assurait déborder d'idées pour concrétiser les rêves de Joséphine et disposait, selon lui, des fonds nécessaires pour sauver immédiatement une toiture délabrée et un jardin en friche depuis des années. Ce n'était pas le cas. Son action, limitée à la vente des meubles et à l'installation d'une modeste fauconnerie, va lui valoir le surnom de « l'Attila des Milandes ».

En 1974, un Flamand, M. Van Breusegem, lui succède. Il casse sa tirelire pour faire rénover quatre pièces, ouvertes au public en 1982. Elles sont encore en parfait état quand il transmet les clefs à la famille de Labarre. S'ils ont les moyens de financer l'achat sans le moindre prêt, investir immédiatement dans de nouveaux travaux est mission impossible. Angélique, initiée par son père à l'architecture et à la défense du patrimoine, prend les choses en main. Elle décide de se laisser du temps en jouant la carte de la rénovation pierre à pierre. Elle commence par sauver un jardin à plusieurs niveaux, dessiné et créé entre 1900 et 1908 par Jules Vacherot, architecte paysagiste en chef de la ville de Paris. En six mois, 1 500 mètres de tranchées sont creusées et 1 400 tonnes de terre végétale rapportées. À partir d'un dessin d'Henry de Labarre, plus de 4 000 buis sont plantés en 2004. D'autres sont ajoutés en 2008. Aujourd'hui, ce sont 3 000 fleurs qui, chaque année, donnent de nouvelles couleurs à cet ensemble.

Le résultat est tellement impressionnant qu'Angélique de Labarre obtient, en 2009, l'inscription du parc au titre des monuments historiques. En 2012, le ministère de la Culture lui décerne également le label « Maison des illustres », qui vient à peine d'être mis en place. En 2018, à l'heure de la mise en marche de cascades particulièrement spectaculaires, elle obtient un autre label, celui de « Jardin remarquable », suivi en 2022 d'une ultime reconnaissance officielle, celle de la « Qualité tourisme ».

C'est seulement en 2010 que des entreprises spécialisées commencent d'importants travaux de maçonnerie. Ils débutent par la toiture, avant de se poursuivre à l'intérieur. La salle de bains à la robinetterie plaquée or ainsi que la chambre du premier étage, longtemps occupée par Joséphine, étant à peu près intactes, les équipes se concentrent sur la rénovation des autres pièces, parmi lesquelles « la chambre de maman », au deuxième étage, près de la nurserie et des lits des petits. La restauration d'une salle rendant hommage à François de Caumont, à l'origine de la construction en 1489, permet de découvrir des décors peints au XVIe siècle. Afin que la décoration demeure fidèle à celle choisie par Joséphine, Claude et Angélique de Labarre entament en parallèle un marathon pour retrouver et acheter la quasi-totalité des meubles. Elles parviennent enfin, grâce, en particulier, à des enfants de Joséphine, à récupérer quelques-unes des robes créées par de grands couturiers pour des revues et des récitals entrés dans la légende du music-hall. La ceinture de bananes qui, en 1926, avait fait scandale aux Folies-Bergère dans *La revue du jour* figure désormais en bonne place dans des vitrines en merisier. Enfin, « la salle de la Résistance » raconte, à travers des photos, des médailles, des diplômes et des lettres, en particulier du général de Gaulle, les cinq années de guerre de la femme au service de la France libre. À la sortie de cette pièce, l'émotion se lit sur le visage des visiteurs.

La visite se poursuit par un passage dans la salle à manger et dans la cuisine où Joséphine s'était réfugiée avant son expulsion. Elle y avait fait poser un carrelage spécial afin que sa tribu Arc-en-Ciel se familiarise avec les noms des fruits et des légumes. À l'extérieur, des rapaces, sans doute beaucoup moins dangereux que certains humains, offrent un spectacle permanent dans une fauconnerie elle aussi agrandie et rénovée. Il y a enfin la chapelle, où Joséphine et Jo Bouillon se sont mariés en 1947. Sa visite relève du miracle. En effet, au lendemain de l'achat du château, Henry et Claude de Labarre ont découvert que, si sa présence figurait bien dans l'acte de vente, la chapelle appartenait en réalité à la commune depuis 1920 ! À l'issue d'un rendez-vous avec des responsables administratifs, il est apparu qu'à la suite d'un changement de matrice cadastrale la case réservée à cette parcelle était vierge, personne ne l'ayant réclamée, à commencer par Joséphine, qui avait bien d'autres chats à fouetter. La seule solution étant de la racheter à l'État, Angélique et ses parents s'y sont résignés.

Quand la famille s'est lancée dans cette aventure patrimoniale, beaucoup ont parié qu'elle n'avait aucune chance de réussir. Certains leur ont glissé à l'oreille qu'il fallait arrêter tout de suite, sous peine de banqueroute. En une décennie, le nombre de visiteurs est passé de 45 000 à 200 000 par an. L'entrée au Panthéon de Joséphine Baker a provoqué un nouveau bond en avant. Des Français et des étrangers, parmi lesquels bon nombre d'Américains, se pressent tout au long de l'année, à l'exception de janvier, le mois de fermeture du château. Des audioguides en plusieurs langues sont mis à leur disposition et un parcours est réservé aux enfants. Un clin d'œil symbolique et affectueux à cette famille Arc-en-Ciel si chère au cœur de Joséphine Baker. La légende assure qu'au bout d'un arc-en-ciel, il y a un trésor. Les Milandes en est un. S'éloigner des vignobles n'a pas empêché Angélique de Labarre et ses parents d'en faire un grand cru.

ANNEXES

REPÈRES CHRONOLOGIQUES

1906. *3 juin* : naissance de Joséphine Baker à Saint Louis, dans l'État du Missouri, aux États-Unis.

1919. Débuts dans une troupe de théâtre, de passage dans sa ville natale.

1922. Joséphine intègre la troupe de *Shuffle Along* qui se produit pendant un an à travers les États-Unis.

1924. Danse au Plantation Club, à Broadway.

1925. *16 septembre* : Joséphine débarque au Havre, puis découvre Paris.
2 octobre : première représentation de la *Revue Nègre* au Théâtre des Champs-Élysées.

1926. *24 avril* : devient la meneuse de revue aux Folies-Bergère. Dans *La Folie du Jour*, elle porte une ceinture de bananes.
Le comte Abatino, qu'elle appelle « Pepito », entre dans sa vie.

1927. *Janvier* : elle ouvre à Paris, rue Fontaine, le premier cabaret à l'enseigne de Chez Joséphine.
Mars : Deuxième revue aux Folies-Bergère, *Un Vent de Folie*.
Tourne dans *La Sirène des Tropiques*, son premier film.

1928. Joséphine fait ses « adieux à la scène » à la Salle Pleyel.
Mars : début de la première tournée mondiale de Joséphine Baker.

1930. *26 septembre* : première de *Paris qui remue* au Casino de Paris. Joséphine chante pour la première fois *J'ai deux amours*.

1932. *3 décembre* : revient au Casino de Paris dans *La Joie de Paris*.

1934. Joséphine au cinéma dans *Zouzou*.
15 décembre : à Paris, sur la scène de Marigny, elle interprète *La Créole*, une opérette de Jacques Offenbach.

1935. Joséphine à nouveau sur grand écran dans *Princesse Tam-Tam*.
30 décembre : Joséphine à l'affiche des *Ziegfeld Folies* : première à Boston avant une série de représentations à Philadelphie et à New York.

1936. *Février* : ouverture d'un cabaret Chez Joséphine, à New York, sur la 54e Rue.
Septembre : Joséphine fait sa rentrée à Paris, aux Folies-Bergère dans *En Super-Folies*.
21 septembre : Mort de Pepito.
Décembre : Joséphine Baker reprend le Gerny's, le cabaret de la rue François-Ier, à Paris, créé par Louis Leplée, où a débuté « la môme Piaf ». L'enseigne devient Chez Joséphine.

1937. *30 novembre* : Épouse Jean Lion, à Crèvecœur-le-Grand, dans l'Oise.

1939. *Octobre* : Joséphine chante sur la ligne Maginot, pour remonter le moral des soldats. Joséphine revient au Casino de Paris, dans *Paris London*, dont elle partage l'affiche avec Maurice Chevalier.
Novembre : Joséphine devient une « honorable correspondante ». Elle va profiter de ses tournées pour recueillir des informations sur les positions allemandes et les transmettre aux Alliés.

1940. *11 juin* : à l'heure de l'exode, elle s'installe en Dordogne au château des Mirandes, qu'elle rebaptise les « Milandes ».
15 décembre : Joséphine reprend *La Créole* à l'Opéra de Marseille.

1941. *15 janvier* : Joséphine quitte la France pour l'Algérie, où l'attendent un certain nombre de « missions ».
Vit entre Alger, Casablanca et Marrakech. Épuisée, elle est victime d'une péritonite. Elle doit rester plusieurs semaines à l'hôpital.

1942. Opérée d'une occlusion intestinale, Joséphine passe plusieurs mois à l'hôpital.

1943. *Mars* : Joséphine fait sa rentrée officielle à Casablanca, au cinéma Rialto.
Été : grande tournée au Moyen-Orient.
À Alger, Joséphine est la vedette d'un gala de la France Libre. Le général de Gaulle lui remet une petite croix de Lorraine en or.

1944. *Janvier* : retour à Marrakech puis à Alger.
Octobre : Joséphine retrouve Paris libéré.

1945. *Janvier* : Joséphine se produit dans les villes libérées par les Alliés, accompagnée pour la première fois par Jo Bouillon et son orchestre.
28 mars : Joséphine participe à un gala des Forces Françaises Libres, à Paris, au Théâtre des Champs-Élysées.

1946. *Septembre* : Joséphine opérée à nouveau d'une occlusion intestinale.
6 octobre : le colonel Guy Baucheron de Boissoudy se rend à son chevet pour lui remettre la médaille de la Résistance.

1947. *Février* : Joséphine part s'installer aux Milandes, avec Jo Bouillon.
3 juin : épouse Jo Bouillon. La noce se déroule aux Milandes.
Automne : tournée en Amérique du Sud.

1948. *Janvier* : à La Havane, Joséphine prend officiellement position, pour la première fois, contre le racisme.
Mars : Joséphine entreprend des travaux pharaoniques aux Milandes.
Octobre : anime le « Club 48 », avenue Montaigne, à Paris.

1949. *1er mars* : revient aux Folies-Bergère dans *Féeries et Folies*. Jo Bouillon dirige l'orchestre.

1949. *4 septembre* : inauguration officielle du château des Milandes et de la « Guinguette » au bord de la Dordogne.

1950. Joséphine en tournée en Amérique du Sud, à La Havane et aux États-Unis, dans des salles où, grâce à son intervention, les Noirs sont admis pour la première fois.

1951. *20 mai* : la population noire de Harlem organise un « Baker Day » pour fêter Joséphine.
Octobre : Joséphine fait un scandale au Stork Club de New York. On a refusé de la servir, parce qu'elle est noire. Grace Kelly, présente dans la salle par hasard, observe la scène.

1954. Joséphine adopte, à Tokyo, les deux premiers des douze enfants de sa tribu Arc-en-Ciel.

1956. *21 mars* : Joséphine fait sa rentrée à Paris à l'Olympia et en profite pour faire ses « adieux ». Elle veut se consacrer à ses enfants et au développement touristique des Milandes.
Septembre : entreprend une tournée internationale d'adieux.

1959. *27 mai* : Joséphine revient à l'Olympia dans *Paris mes amours*. Elle sort de sa retraite parce qu'elle a besoin d'argent pour les Milandes. Les dépenses sont très largement supérieures aux recettes.

1960. Joséphine et Jo Bouillon se séparent. Ils décident de ne pas divorcer jusqu'à ce que le dernier de leurs enfants ait l'âge de la majorité.

1961. *18 août* : le général Vallin, héros de la Résistance, remet à Joséphine Baker la croix de la Légion d'honneur, au château des Milandes.

1962. Joséphine multiplie les galas pour tenter de combler le trou financier des Milandes.
25 août : tente le pari fou de jouer *L'Arlésienne* aux Milandes.

1963. Jo Bouillon quitte la France pour s'installer à Buenos Aires.

1964. *Avril* : Joséphine revient encore une fois à l'Olympia.
4 juin : Brigitte Bardot lance un appel au journal télévisé de vingt heures. Les Français doivent aider Joséphine pour sauver les Milandes et les enfants qui y vivent.
25 juillet : Joséphine, épuisée, est victime d'un malaise cardiaque. Quelques semaines suffisent pour qu'elle se remette d'aplomb.

1965. Joséphine songe à transformer les Milandes en un « Collège de la fraternité mondiale ».

1966-1967. Multiplie les tournées et les démarches pour sauver le château des Milandes, menacé, à plusieurs reprises, d'être vendu aux enchères.

1968. *Avril* : Joséphine revient à l'Olympia. Un disque est vendu au profit des Milandes.
3 mai : le château des Milandes et tous les biens de Joséphine sont vendus aux enchères, en son absence.
4 juillet : Joséphine est victime d'une attaque cérébrale, dont elle se remet, par miracle, en quelques semaines.
26 septembre : Joséphine parvient à faire retarder son expulsion des Milandes.

1969. *Mars* : Joséphine est expulsée de force de son château des Milandes. Elle s'installe, avec ses douze enfants, dans un appartement de deux pièces à Paris.
Août : Joséphine est la vedette du bal de la Croix-Rouge à Monaco. La princesse Grace la prend en affection et lui trouve une villa à Roquebrune. Elle va s'y installer avec ses douze enfants.

1970-1973. Continue à se produire dans le monde entier.

1973. *Juin* : triomphe à New York, pendant quatre jours, au Carnegie Hall.

1974. *Août* : Joséphine mène la revue au bal de la Croix-Rouge, à Monaco. Ce show évoquant sa vie, signé André Levasseur, Jean-Claude Brialy et Jacqueline Cartier, est un triomphe.

1975. *8 avril* : première officielle de « Joséphine » à Bobino, à Paris. Elle fête ses cinquante ans de carrière.

10 avril : pendant son sommeil, Joséphine est victime d'une hémorragie cérébrale.

12 avril : le cœur de Joséphine, épuisé, cesse de battre.

15 avril : en l'église de la Madeleine, Paris dit adieu à Joséphine.

19 avril : Joséphine est inhumée au cimetière de Monaco.

2021. *30 novembre* : Entrée au Panthéon de Josephine Baker.

RÉFÉRENCES BIBLIOGRAPHIQUES

LES CHANSONS

1926

Who
That Certain Feeling
Dinah
Sleepy Time Gal
I Wonder where my Baby is Tonight ?
Bam Bam Bamy Shore
I Want to Yodel
You're the Only One for Me
Feeling Kind of Blue
Brown Eyes
I Love my Baby
I've Found a New Baby
Skeedle Um
Always

1927

Pretty Little Baby
Where'd you Get those Eyes ?
After I Say I'm Sorry
Then I'll be Happy
Bye, Bye Blackbird

Lonesome Lovesick Blues
I Love Dancing
Breezing Along with the Breeze
Hello Bluebird
Blue Skies
He's the Last Word
I'm Leaving for Albany

1930

J'ai deux amours
La Petite Tonkinoise
Suppose
Voulez-vous de la canne à sucre ?
Dis-moi Joséphine

1931

Aux îles Hawaï
Love is a Dreamer
King for a Day
Pardon si je t'importune
My Fate is in Your Hand
Confessin'
You're Driving me Crazy
You're the One I Care for
Madiana
Mon rêve, c'était vous

1932

Si j'étais blanche
Sans amour
Les mots d'amour
Ram-Pam-Pam (avec Pills et Tabet)

1933

Madiana

1934

C'est lui
Haïti

1935

À la Jamaïque
Berceuse de Dora (de l'opérette *La Créole*)
Sous le ciel d'Afrique
Espabilate
Time was
Dream Ship

1936

Partir sur un bateau tout blanc
Nuit d'Alger
Doudou
Nuits de Miami
Mayari
La Conga Bicoti

1937

Vous faites partie de moi
C'est si facile de vous aimer
C'est un nid charmant
Toc-toc partout
I'm Feeling like a Million
J'ai un message pour toi
J'attends votre retour
J'ai peur de rêver
Bonsoir my love
The Loviness of You
Plus tard

1939

Sur deux notes
De temps en temps

1940

Ô mon Tommy
Mon cœur est un oiseau des îles
London Town
Tout n'est qu'un chant d'amour
Tu reverras les beaux jours
If You Were the Only Girl in the World
It's a Long Way to Tipperary

1944

Paris chéri
C'est vous
Zoubida
L'amour est un jeu
Besame mucho
Brazil

1949

Minuit
Bahiana
Revoir Paris
Olele Olela
Paris, Paris
Boneca de pixe
Te voyo benn
Romance aux étoiles
Sérénade céleste
You're the Greatest Love
Pecadora
Princesse sans amour

1951

Peg de mon cœur
Chiquita madame
Y'a pas trois moyens
Santa Chiara

1953

J'ai lu dans les étoiles
C'est lui
Dans mon village
Sur deux notes
C'est vous
C'est ça le vrai bonheur

1959

Paris mes amours
Moi
Avec
Je voudrais
Terre sèche
Donnez-moi la main
Don't Touch my Tomatoes

1960

Le marchand de bonheur
La Seine
Mon petit bonhomme
J'attendrai
Sonny Boy
La ballade des rues de Paris
Clopin-clopant
Mon cœur
Voilà Paris
In my Solitude

Ni toi, ni moi
Beguin the Beguine
Parlez-moi d'amour
Mon manège à moi
Je pars
Night and Day

1961

Souvenir d'Italie
Mélodie perdue
I Could Have Danced all Night
Ça c'est Paris
Sous les ponts de Paris
Mon Paris
C'est Paris
En avril à Paris
April in Paris
Sous les toits de Paris
La romance de Paris
Fleur de Paris

1962

L'Arlésienne

1963

Make Believe
Quand tu m'embrasses
Quando, quando, quando
Hello, Young Lovers
Bill
Enamorada
I've Got a Feeling You're Fooling
La novia

1964. Joséphine Baker à Paris, à l'Olympia

Joséphine Baker à La Havane
Some Enchanted Evening
A noce hable con la Luna
Pecora

1968. Olympia, Palmarès des Chansons

J'ai deux amours
La Petite Tonkinoise
Piel canela
Dans mon village
Avec
Paris mes amours
Clopin-Clopant
Demain
Quand je pense à ça
La vie en rose
Hello Dolly

1970. Joséphine Baker à Sofia, au Golden Orpheus

Souris à la vie
Avec les tout-petits, je ne sais quoi
Pot Pourri
Quand je pense à ça
Demain

1973. Joséphine Baker au Carnegie Hall

People
Sourire
Avec
Si me faltas tu
It's Impossible
J'ai deux amours
On the Street where You Live

I Could Have Danced all Night
Pot Pourri Memory
La vie en rose
My Sweet Lords
My Way

1975. Joséphine à Bobino

Me revoilà Paris
La couleur des yeux
Monte-Carlo
Sonny Boy
When You're Smiling
I'm Just Wild About Harry
Love Will Find a Way
Stormy Weather
Beguin the Beguine
California Here I Come
Tea for Two
Honeysuckle Rose
Old Man River
The Man I Love
There's no Business Like Show Business
J'ai deux amours
Dites-moi Joséphine
Voulez-vous de la canne à sucre
La Petite Tonkinoise
Paris mes amours
Coin de rue
La vie en rose
Parlez-moi d'amour
La Seine
C'est si bon
Sourire à la vie
My Yiddish Momme
Donnez-moi la main
New York-Broadway-Chicago
Baia
Si me faltas tu

Vivre
Paris-Paname

LES ENREGISTREMENTS (CD ACTUELLEMENT DISPONIBLES)

Bonsoir My Love, DRG, 1998.
My Greatest Songs, BMG, 1999.
L'Étoile Noire Des Folies-Bergère, Frémeaux et associés, 2000.
Joséphine Baker... en la Habana, Egrem, 2000.
Joséphine Baker : Collection Chansons Françaises, RCA, 2001.
Le Meilleur de Joséphine Baker, EMI, 2004.
International French Star, EPM, 2004.
À Centenary Tribute : Songs from 1930-1953, Sepia, 2004.
The Fabulous Joséphine Baker : « Paris mes amours », RCA, 2005.
Joséphine Baker 1927-1939 (2 CD), Frémeaux et Associés, 2006.
Joséphine Baker : sa vie, ses combats, ses chansons, Night & Day, 2006.

LES FILMS

Joe Francis, *La Revue des revues*, 1927.
Mario Nalpas, *La Sirène des tropiques*, 1927.
Marc Allégret, *Zouzou*, 1934.
Edmond T. Gréville, *Princesse Tam-Tam*, 1935.
Jacques de Baroncelli, *Fausse alerte*, 1940.

LES LIVRES

Marcel Sauvage, *Les Mémoires de Joséphine Baker*, Kra, 1927 ; réed. Coréa éditions Atlanta, 1975, Gérard Watelet, 2000.
Marcel Sauvage, *Voyages et aventures de Joséphine Baker*, Sheur, 1931.
Pepito Abatino, *Joséphine Baker vue par la presse française*, Les Éditions Isis, 1931.

Jacques Abtey, *La Guerre secrète de Joséphine Baker*, Siboney, 1948.
Piet Worm, textes de Joséphine Baker et Jo Bouillon, *La Tribu Arc-en-Ciel*, Mulder & Zoon, 1957.
« *Joséphine Baker. Phénomène social* », *Musica* n° 70, imprimerie Chaix, 1962.
Jean-Claude Dauzonne, *Joséphine Baker. Bobino 1975*, sd.
Jo Bouillon avec Jacqueline Cartier, *Joséphine*, Robert Laffont, 1976.
Lynn Hanney, *Joséphine Baker*, Jean-Claude Lattès, 1982.
Jean-Marc Loubier, *Georges Simenon-Joséphine Baker. L'Amour sauvage*, sans éditeur, sd.
Bryan Hammond et Patrick O'Connor, *Joséphine, Baker*, Jonathan Cape, 1988.
Rose Phyllis, *Jazz Cleopatra : Joséphine Baker in Her Time*, Vintage Book, 1991.
Lynn Haney, *Naked at the Feast. The Biography of Joséphine Baker*, Robson Books, 1995.
Collectif, *Joséphine Baker et la Revue Nègre* (lithographies du *Tumulte noir* par Paul Colin), La Martinière, 1998.
Emmanuel Bonini, *La Véritable Joséphine Baker*, Pygmalion, 2000.
Jean-Claude Bonnal, *Les Enfants du monde en Périgord*, Plb France, 2003.
Ean Wood, *La Folie Joséphine Baker*, J'ai Lu, 2003.
Michèle Barbier, *Tumpie dite Joséphine Baker*, Alan Sutton, 2005.
Emmanuel Bonini, *Joséphine Baker*, la Lauze, 2005.
Chloe Cruchaudet, *Joséphine Baker*, Éd. Nocturne, 2006.
Claude Dufresne, *Il était une fois Joséphine Baker*, Michel Lafon, 2006.
Charles Onana, *Joséphine Baker contre Hitler*, Éd. Duboiris, 2006.
Joséphine Baker, *Les Mémoires de Joséphine Baker*, éditions Kra, 1927 ; Dilecta, 2006.
Brian B. Baker et Gilles Trichard, *Joséphine Baker, Le Regard d'un fils*, éd. Patrick Robin, 2007.

ANNEXES

FOLIO BIOGRAPHIES

L'abbé Pierre, par SOPHIE DOUDET

Alain-Fournier, par ARIANE CHARTON. Prix Roland de Jouvenel 2015.

Alexandre le Grand, par JOËL SCHMIDT

Mohamed Ali, par CLAUDE BOLI

Lou Andreas-Salomé, par DORIAN ASTOR

Attila, par ÉRIC DESCHODT. Prix « Coup de cœur en poche 2006 » décerné par *Le Point*.

Bach, par MARC LEBOUCHER

Joséphine Baker, par JACQUES PESSIS

Balzac, par FRANÇOIS TAILLANDIER

Baudelaire, par JEAN-BAPTISTE BARONIAN

Beaumarchais, par CHRISTIAN WASSELIN

Beethoven, par BERNARD FAUCONNIER

Sarah Bernhardt, par SOPHIE-AUDE PICON

Bouddha, par SOPHIE ROYER

Bougainville, par DOMINIQUE LE BRUN

Les Brontë, par JEAN-PIERRE OHL

James Brown, par STÉPHANE KOECHLIN

Buffalo Bill, par MICHEL FAUCHEUX

Lord Byron, par DANIEL SALVATORE SCHIFFER

Maria Callas, par RENÉ DE CECCATTY

Calvin, par JEAN-LUC MOUTON

Camus, par VIRGIL TANASE

Truman Capote, par LILIANE KERJAN

Le Caravage, par GÉRARD-JULIEN SALVY

Casanova, par MAXIME ROVERE

Céline, par YVES BUIN

Jules César, par JOËL SCHMIDT

Cézanne, par BERNARD FAUCONNIER. Prix de la biographie de la ville d'Hossegor 2007.

Chaplin, par MICHEL FAUCHEUX

Che Guevara, par ALAIN FOIX

Churchill, par SOPHIE DOUDET

Cléopâtre, par JOËL SCHMIDT

Albert Cohen, par FRANCK MÉDIONI

Colette, par MADELEINE LAZARD

Christophe Colomb, par MARIE-FRANCE SCHMIDT

Joseph Conrad, par MICHEL RENOUARD

Marie Curie, par JANINE TROTEREAU

Darwin, par JEAN-NOËL MOURET

Alexandra David-Néel, par JENNIFER LESIEUR

Miles Davis, par FRANCK MÉDIONI

James Dean, par JEAN-PHILIPPE GUERAND

Debussy, par ARIANE CHARTON

Delacroix, par FRÉDÉRIC MARTINEZ

Charles Dickens, par JEAN-PIERRE OHL

Diderot, par RAYMOND TROUSSON

Marlene Dietrich, par JEAN PAVANS

Dostoïevski, par VIRGIL TANASE

Alexandre Dumas, par SYLVAIN LEDDA

Albert Einstein, par LAURENT SEKSIK

Fellini, par BENITO MERLINO

Georges Feydeau, par VIOLAINE HEYRAUD

Scott et Zelda Fitzgerald, par STÉPHANE MALTÈRE

Flaubert, par BERNARD FAUCONNIER

Saint François d'Assise, par VIRGIL TANASE

Freud, par RENÉ MAJOR et CHANTAL TALAGRAND

Gandhi, par CHRISTINE JORDIS. Prix du livre d'histoire de la ville de Courbevoie 2008.

Federico García Lorca, par ALBERT BENSOUSSAN

De Gaulle, par ÉRIC ROUSSEL

Geronimo, par OLIVIER DELAVAULT

George Gershwin, par FRANCK MÉDIONI. Coup de cœur du prix des Muses 2015.

Goethe, par JOËL SCHMIDT

Carlo Goldoni, par FRANCK MÉDIONI

Olympe de Gouges, par MICHEL FAUCHEUX

Goya, par MARIE-FRANCE SCHMIDT

Jimi Hendrix, par FRANCK MÉDIONI

Billie Holiday, par SYLVIA FOL

Homère, par PIERRE JUDET DE LA COMBE

Victor Hugo, par SANDRINE FILLIPETTI

Ibsen, par JACQUES DE DECKER

Jésus, par CHRISTIANE RANCÉ

Janis Joplin, par JEAN-YVES REUZEAU

Louis Jouvet, par OLIVIER RONY. Prix Renaudot Poche 2021.

Kafka, par GÉRARD-GEORGES LEMAIRE

Gene Kelly, par ALAIN MASSON

Kennedy, par VINCENT MICHELOT

Kerouac, par YVES BUIN

Klimt, par SERGE SANCHEZ

Lafayette, par BERNARD VINCENT

Lapérouse, par ANNE PONS

Lawrence d'Arabie, par MICHEL RENOUARD

Abraham Lincoln, par LILIANE KERJAN

Franz Liszt, par FRÉDÉRIC MARTINEZ

Jack London, par BERNARD FAUCONNIER

Louis XIV, par ÉRIC DESCHODT

Louis XVI, par BERNARD VINCENT

Auguste et Louis Lumière, par MICHEL FAUCHEUX

Martin Luther King, par ALAIN FOIX

Machiavel, par HUBERT PROLONGEAU

Magritte, par MICHEL DRAGUET

Malraux, par SOPHIE DOUDET

Nelson Mandela, par FABRICE D'ALMEIDA

Man Ray, par SERGE SANCHEZ

Marivaux, par FRANCK SALAÜN

Bob Marley, par JEAN-PHILIPPE DE TONNAC

Maupassant, par FRÉDÉRIC MARTINEZ

Mermoz, par MICHEL FAUCHEUX

Michel-Ange, par NADINE SAUTEL

Mishima, par JENNIFER LESIEUR

Modigliani, par CHRISTIAN PARISOT

Moïse, par CHARLES SZLAKMANN

Molière, par CHRISTOPHE MORY

Marilyn Monroe, par ANNE PLANTAGENET

Montesquieu, par CATHERINE VOLPILHAC-AUGER

Thomas More, par MARIE-CLAIRE PHÉLIPPEAU

Jim Morrison, par JEAN-YVES REUZEAU

Mozart, par JEAN BLOT

Alfred de Musset, par ARIANE CHARTON

Napoléon, par PASCALE FAUTRIER

Gérard de Nerval, par GÉRARD COGEZ

Nietzsche, par DORIAN ASTOR

Anna de Noailles, par FRÉDÉRIC MARTINEZ

George Orwell, par STÉPHANE MALTÈRE

Pasolini, par RENÉ DE CECCATTY

Pasteur, par JANINE TROTEREAU

Gérard Philipe, par GENEVIÈVE WINTER

Édith Piaf, par ALBERT BENSOUSSAN

Picasso, par GILLES PLAZY

Platon, par BERNARD FAUCONNIER

Marco Polo, par OLIVIER GERMAIN-THOMAS

Ravel, par SYLVAIN LEDDA

Louis Renault, par JEAN-NOËL MOURET

Richelieu, par SYLVIE TAUSSIG

Rimbaud, par JEAN-BAPTISTE BARONIAN. Prix littéraire 2011 du parlement de la Fédération Wallonie-Bruxelles.

Robespierre, par JOËL SCHMIDT

Rousseau, par RAYMOND TROUSSON

Sade, par STÉPHANIE GENAND

Saint-Exupéry, par VIRGIL TANASE. Prix de la biographie de la ville d'Hossegor 2013.

Saint-Simon, par MARC HERSANT. Prix de la biographie littéraire de l'Académie française 2017.

George Sand, par MARTINE REID. Prix Ernest Montusès 2013.

Madame de Sévigné, par STÉPHANE MALTÈRE

Shakespeare, par CLAUDE MOURTHÉ

Madame de Staël, par SOPHIE DOUDET

Gertrude Stein, par PHILIPPE BLANCHON

Stendhal, par SANDRINE FILLIPETTI

Jacques Tati, par JEAN-PHILIPPE GUERAND

Tchekhov, par VIRGIL TANASE

Henry David Thoreau, par MARIE BERTHOUMIEU et LAURA EL MAKKI

Tocqueville, par BRIGITTE KRULIC

Toussaint Louverture, par ALAIN FOIX

Trotsky, par MICHEL RENOUARD

Jules Vallès, par CORINNE SAMINADAYAR-PERRIN

Van Gogh, par DAVID HAZIOT. Prix d'Académie 2008 décerné par l'Académie française (fondation Le Métais-Larivière).

Verdi, par ALBERT BENSOUSSAN

Verlaine, par JEAN-BAPTISTE BARONIAN

Boris Vian, par CLAIRE JULLIARD

La reine Victoria, par PHILIPPE CHASSAIGNE

Léonard de Vinci, par SOPHIE CHAUVEAU

Voltaire, par FRANÇOIS JACOB

Wagner, par JACQUES DE DECKER

Andy Warhol, par MERIAM KORICHI

George Washington, par LILIANE KERJAN

H. G. Wells, par LAURA EL MAKKI

Oscar Wilde, par DANIEL SALVATORE SCHIFFER

Tennessee Williams, par LILIANE KERJAN. Prix du Grand Ouest 2011.

Virginia Woolf, par ALEXANDRA LEMASSON

Frank Zappa, par GUY DAROL

Stefan Zweig, par CATHERINE SAUVAT

COLLECTION FOLIO

Dernières parutions

7359.	Dominique Scali	*Les marins ne savent pas nager, II*
7360.	Laurine Roux	*Sur l'épaule des géants*
7361.	Marie NDiaye	*La sorcière*
7362.	Perrine Tripier	*Les guerres précieuses*
7363.	Carole Fives	*Quelque chose à te dire*
7364.	Tristan Jordis	*Le pays des ombres*
7365.	Martin Winckler	*Franz en Amérique*
7366.	Gilles Kepel	*Enfant de Bohême*
7367.	Franz Kafka	*Le Procès*
7368.	Franz Kafka	*La sentence – Dans la colonie pénitentiaire*
7369.	Jean-Paul Didierlaurent	*Le vieux* et autres nouvelles
7370.	Franz Kafka	*Kafka justicier ?* Morceaux choisis
7371.	Pierre Adrian	*Que reviennent ceux qui sont loin*
7372.	Isabelle Sorente	*L'instruction*
7373.	Xavier Le Clerc	*Un homme sans titre*
7374.	Amélie de Bourbon Parme	*L'ambition. Les trafiquants d'éternité, I*
7375.	Stéphane Carlier	*Clara lit Proust*
7376.	Jessie Burton	*La maison dorée*
7377.	Naomi Krupitsky	*La Famille*
7378.	Nastassja Martin	*Croire aux fauves*
7379.	Maylis Adhémar	*La grande ourse*
7380.	Lucie Rico	*GPS*
7381.	Camille Froidevaux-Metterie	*Pleine et douce*
7382.	Éric Reinhardt	*Le moral des ménages*
7383.	Guéorgui Gospodinov	*Le pays du passé*
7384.	Franz-Olivier Giesbert	*Le sursaut. Histoire intime de la Ve République, I*

7385. Daniel Pennac — *Terminus Malaussène. Le cas Malaussène, 2*
7386. Scholastique Mukasonga — *Sister Deborah*
7387. Anonymes — *Évangiles*
7388. Pierre Assouline — *Le nageur*
7389. Louise Kennedy — *Troubles*
7390. Ron Rash — *Plus bas dans la vallée*
7391. Bénédicte Belpois — *Gonzalo et les autres*
7392. Erik Orsenna — *Histoire d'un ogre*
7393. Jean-Noël Pancrazi — *Les années manquantes*
7394. James Baldwin — *Chroniques d'un enfant du pays*
7395. Elizabeth Jane Howard — *La fin d'une ère. La saga des Cazalet V*
7396. Ruta Sepetys — *Si je dois te trahir*
7397. Brice Matthieussent — *Petit éloge de l'Amérique*
7398. James Baldwin — *Blues pour Sonny*
7399. Honoré de Balzac — *La Maison du Chat-qui-pelote, Le Bal de Sceaux, La Bourse*
7400. Sylvain Tesson — *Blanc*
7401. Aurélien Bellanger — *Le vingtième siècle*
7402. Christophe Bigot — *Le château des trompe-l'œil*
7403. Delphine de Girardin — *La Canne de M. de Balzac*
7404. Emmanuelle Bayamack-Tam — *La Treizième Heure*
7405. Adèle Van Reeth — *Inconsolable*
7406. Mattia Filice — *Mécano*
7407. Anne Serre — *Notre si chère vieille dame auteur*
7408. Bernhard Schlink — *La petite-fille*
7409. James Joyce — *Pénélope*
7410. Joseph Kessel — *Les juges*
7411. Aliyeh Ataei — *La frontière des oubliés*
7412. Julian Barnes — *Elizabeth Finch*
7413. Abdulrazak Gurnah — *Près de la mer*
7414. Bernardo Zannoni — *Mes désirs futiles*
7415. Claude Grange et Régis Debray — *Le dernier souffle*

7416. François-Henri Désérable — *L'usure d'un monde*
7417. Négar Djavadi — *La dernière place*
7418. Élise Costa — *Les nuits que l'on choisit*
7419. Joffrine Donnadieu — *Chienne et louve*
7420. Louis-Ferdinand Céline — *Londres*
7421. Étienne de Montety — *La douceur*
7422. Edgar Morin — *Encore un moment...*
7423. Maylis de Kerangal et Joy Sorman — *Seyvoz*
7424. Dominique Bona — *Les Partisans*
7425. Jérôme Garcin — *Mes fragiles*
7426. Raphaël Haroche — *Avalanche*
7427. Philippe Forest — *Je reste roi de mes chagrins*
7428. Juliana Léveillé-Trudel — *On a tout l'automne*
7429. Bruno Le Maire — *Fugue américaine*
7430. Joris-Karl Huysmans — *Marthe* et *Les Sœurs Vatard*
7431. Fabrice Caro — *Journal d'un scénario*
7432. Julie Otsuka — *La ligne de nage*
7433. Kristina Sabaliauskaitė — *L'impératrice de Pierre, tome I*
7434. Franz-Olivier Giesbert — *La Belle Époque. Histoire intime de la Ve République, II*
7435. Laurence Cossé — *Le secret de Sybil*
7436. Olivier Liron — *Danse d'atomes d'or*
7437. Paula Jacques — *Mon oncle de Brooklyn*
7438. Mathieu Lindon — *Une archive*
7439. Denis Podalydès — *Célidan disparu*
7440. Erri De Luca — *Grandeur nature*
7441. Javier Marías — *Tomás Nevinson*
7442. Arturo Pérez-Reverte — *Le maître d'escrime*
7443. Anonymes — *Les Folies Tristan*
7444. Germaine de Staël — *Dix années d'exil*
7445. Michel Zink — *Trois professeurs à la dérive*
7446. Victor Hugo — *Les Misérables. Version abrégée*
7447. Hunter S. Thompson — *Gonzo Highway*
7448. Collectif — *Haikus d'automne et d'hiver*
7449. Liu An — *Du monde des hommes*
7450. Collectif — *Dire le deuil*
7451. Jean Giono — *Noël* suivi de *La Belle Hôtesse*

Tous les papiers utilisés pour les ouvrages
des collections Folio sont certifiés
et proviennent de forêts gérées durablement.

Composition Nord Compo
Impression Maury Imprimeur
45300 Manchecourt
le 27 février 2025
Dépôt légal : février 2025
N° d'imprimeur : 283084

ISBN 978-2-07-308170-4 / Imprimé en France

640127